Aimer tue

DU MÊME AUTEUR

Bêtes et victimes, et autres chroniques de *Libération, Stock, 2005*

Antimanuel d'éducation sexuelle, *en collaboration avec Patrice Maniglier, Bréal, 2005*

L'Empire du ventre, pour une autre histoire de la maternité, *Fayard, 2004*

Le crime était presque sexuel, et autres essais de casuistique juridique, *Epel, 2002*

Qu'avez-vous fait de la libération sexuelle ?, *Flammarion, 2002*

Penser les droits de la naissance, *Presses universitaires de France, 2002*

Marcela Iacub

Aimer tue

roman psychologique

Stock

Avertissement de la première édition

Je vous présente ici ce texte posthume de mon frère, le professeur Jean-Luc Jamet, qui s'est éteint dans la plus grande solitude le 15 octobre dernier.

Vedette de la psychiatrie française pendant trente ans, connu dans le monde entier pour ses ouvrages sur les perversions sexuelles et morales, adoré par sa famille et ses enfants, mon frère a fini sa vie ruiné, banni de tous, comme un véritable pestiféré. La seule chose qui l'a tenu vivant pendant sa descente aux enfers est la rédaction de cet ouvrage, qu'il a écrit avec fébrilité et sans répit pendant la phase terminale de sa maladie.

Je n'ai pris connaissance du contenu du manuscrit qu'après sa mort et je tiens à préciser que je n'adhère pas à ses théories et moins encore aux remèdes qu'il souhaitait introduire pour en finir avec ce qu'il dénommait l'« enfer amoureux » de notre temps. Mais mes réticences ont cédé devant la promesse que je lui ai faite sur son lit de mort de lui trouver un éditeur.

Je sais que je mets à la disposition du public une sorte de bombe qui pourra transformer nos expériences les plus évidentes, faire basculer nos croyances, nous obliger à repenser, comme il le disait lui-même, le « contrat social ». Mais je sais aussi que quelqu'un d'autre l'aurait écrit tôt ou tard, et sans doute avec moins de grâce et d'honnêteté. Car les idées et les propositions de mon frère sont déjà parmi nous, tels des fantômes qui nous hanteraient, cherchant une voix à travers laquelle s'exprimer. De fait, comme vous le verrez par vous-mêmes, il s'est inspiré des livres et des discours en circulation, se limitant seulement à les composer d'une manière nouvelle. On sait que mon frère, comme les auteurs de tous les temps, n'est que la main de l'Histoire. Ainsi ne faut-il pas craindre mais plutôt espérer que le public saura résister aux jouissances infinies que ce texte lui promet au détriment des valeurs les plus fondamentales.

J'attends en tremblant les résultats de cette épreuve et remercie ici les éditions Stock qui m'ont permis de tenir ma promesse.

Dolorès Jamet
Paris, le 3 janvier 2005

Avertissement de la deuxième édition

J'ai l'honneur de vous présenter ici *Aimer tue*, le livre majeur de mon défunt frère Jean-Luc Jamet qui a connu lors de sa première édition un succès national et international de premier ordre [1]. Cet honneur est double car son manuscrit n'aurait jamais été publié sans mon concours. Ma plus grande fierté, je l'avoue, est de l'avoir sauvé de l'oubli, voire de la disparition pure et simple car, par crainte ou par désespoir, mon frère avait cherché à le jeter au feu quelques heures avant sa mort. Terrassé par la maladie et par l'incompréhension de ses contemporains, comme tant d'autres génies de l'histoire universelle, mon frère a souffert un véritable martyre. Sa générosité intellectuelle et morale est d'autant plus grande que, oubliant ses douleurs physiques et psychiques, il n'a pensé qu'à léguer ce cadeau posthume à l'humanité, mettant ainsi en danger

1. Trois millions d'exemplaires vendus à ce jour.

les derniers reliquats de respect que quelques rares êtres, dont moi, lui gardaient. En tant qu'exécutrice testamentaire pour l'ensemble de ses œuvres, j'ai eu l'immense honneur depuis la sortie d'*Aimer tue* d'être invitée dans le monde entier pour parler des moindres détails biographiques de l'épopée scientifique que fut sa vie[1]. Malheureusement, comme tant d'autres chercheurs contaminés par le virus qu'ils s'acharnent à étudier et à endiguer, mon frère fut victime de ses propres efforts. C'est ainsi que, bien involontairement, il s'est transformé en proie, souffrant les enfers attachés à ce triste statut. En ce sens, on peut donner raison à Claire Roulez, qui a écrit dans *La Flamme*[2] que mon frère est mort pour nous tous.

Cette édition est ornée de la merveilleuse postface du sénateur Roland Cointreau, qui a voulu rendre compte de la chaleureuse et enthousiaste réception de ce livre par le public ainsi que de l'avenir institutionnel, politique et thérapeutique que le gouvernement compte lui donner.

Dolorès Jamet
Paris, le 3 janvier 2006

1. Voir Dolorès Jamet, *Jean-Luc Jamet, une biographie*, à paraître chez Stock au printemps 2006.
2. *La Flamme*, 3 avril 2005.

DU MÊME AUTEUR

Genèse et développement des perversions sexuelles, Paris, La nouvelle psychiatrie, 1972.

Guérir l'homosexualité, Paris, La nouvelle psychiatrie, 1976.

Traité de psychiatrie clinique, Paris, La nouvelle psychiatrie, 1980.

Six Leçons de psychopathologie, Paris, La nouvelle psychiatrie, 1982.

Santé sexuelle, santé morale, Paris, La nouvelle psychiatrie, 1984.

Le Mythe Sigmund Freud, ou Archéologie d'une imposture, Paris, Éditions de toutes les perplexités, 1987.

La Perversion morale, Paris, Éditions de toutes les perplexités, 1989.

L'Art de détruire moralement son prochain, Paris, Éditions de toutes les perplexités, 1992.

La Torture psychologique au quotidien, Paris, Le Panier de la vérité, 1994.

Psychiatrie et Manipulations, Paris, La nouvelle psychiatrie, 1996.

Ces mots qui tuent..., Paris, Science avec conscience, 1998.

Les Causes relationnelles du suicide, Paris, Science avec conscience, 2001.

Professeur Jean-Luc Jamet

Aimer tue

Propositions pour une réforme de la politique des passions

Postface du sénateur Roland Cointreau

Remerciements

Je tiens ici à remercier très vivement ma vaillante collaboratrice, la défunte Mme Henriette Deauville, qui, pendant ces trente années, m'a aidé dans cette odyssée thérapeutique non seulement dans les tâches mécaniques pour lesquelles je n'ai jamais été très doué, mais aussi de ses conseils et de son aide précieuse pour élucider parfois les cas les plus difficiles. Et, comme si sa bonté n'avait pas été suffisante de son vivant, elle a eu la gentillesse de me précéder de quelques années dans la mort. A-t-elle voulu me faire comprendre que ce serait elle et non pas un ange quelconque qui viendrait m'accueillir avec son sourire dans les contrées virginales de l'au-delà ? Je me suis posé cette question à maintes reprises car, contrairement à moi, Mme Deauville était très croyante. Mais mon destin a été si funeste ces dernières années que je crois que, s'il existait un dieu, jamais je ne retrouverais Mme Deauville, car il m'enverrait sans hésiter, comme mes contemporains l'ont déjà fait, en enfer.

Préface

Je suis psychiatre, psychosociologue et, pendant trente ans, j'ai reçu dans mon cabinet des personnes dont la souffrance avait une seule et unique cause. Des hommes, des femmes, plus ou moins jeunes, plus ou moins riches : leur drame était immanquablement le même. Leurs partenaires les torturaient, voulaient sciemment leur destruction et ils y arrivaient pour une raison bien simple : *la société ne faisait et ne fait toujours rien pour les en empêcher.*

Et pourtant on connaît très bien les conséquences dévastatrices de cette masse immense de cruauté ordinaire[1] : déprime, exclusion sociale, maladie grave, suicide, boulimie, alcoolisme, accidents de la route consécutifs, chômage, meurtre du ou de la coupable, voire d'un tiers dont le seul tort a été d'être là au mauvais

1. Même si, pour l'instant, la loi du silence qui règne à ce sujet n'a pas permis de réaliser d'enquête massive et sérieuse.

moment. D'autres périssent lentement, à petit feu, sans que personne ne se rende compte de la véritable cause de leur mort sociale, parfois même biologique. Faut-il évoquer les souffrances des enfants ? Qui ne connaît pas au moins une petite victime des manipulations d'un parent sur l'autre ? Pire, ils sont parfois transformés en de purs instruments de torture dans ce qu'on nomme, par pudeur ou par hypocrisie, des « divorces difficiles ».

S'il peut arriver que les victimes se plaignent de leur partenaire, il est fort rare qu'elles se rendent compte de cette volonté qu'a l'autre de les détruire ou bien qu'elles osent s'en plaindre. Au contraire, elles se demandent presque immanquablement : est-ce que ce ne serait pas ma faute ? Car nous avons tendance à penser que le fait d'avoir été mal aimé pendant notre enfance, d'avoir des défauts physiques ou caractériels, de ne pas avoir une position sociale convenable, voire d'être égoïstes ou mauvais, expliquerait nos souffrances amoureuses répétées. Faux ! Personne n'est voué ni de près ni de loin à souffrir de la sorte. Si nous nous retournons vers nos « manques », vers nos propres défauts, c'est que le pervers a gagné sa bataille qui consiste précisément à nous faire croire que c'est nous la cause de notre souffrance et non pas les conséquences de ses actes sur nous.

Souvent, derrière ces catastrophes psychiques, on trouve à l'œuvre des professionnels. Ainsi voyons-nous des individus franchement dangereux qui ont détruit la vie de beaucoup de gens et dont, qui plus est, la profession est de le faire. Récidivistes qui disent obéir à des sentiments chaque fois vrais et sincères. Mais ces cas de figure ne sont pas les seuls. Parfois l'on devient pervers, l'on prend goût à la destruction d'autrui d'une manière occasionnelle, car la situation se présente. Convenons d'appeler ce groupe de pervers récidivistes ou occasionnels les « maltraitants » et leurs victimes, les « proies ».

Nos sociétés de jadis avaient de solides garde-fous pour contenir, voire empêcher ce type de comportement. À une époque que certains verront comme arriérée, le divorce était rare, les couples s'unissaient pour la vie et les pervers devaient se contenter d'aventures marginales. Leur capacité de nuire était ainsi sévèrement cantonnée. Qui plus est, les tribunaux étaient très indulgents à l'égard du crime passionnel, ce qui pouvait leur faire craindre le feu d'une vengeance irrémédiable. Une maille bien plus forte encore, celle de la morale, faisait que ce type de personne ne trouvait pas l'approbation, voire l'indifférence souveraine qu'elle suscite aujourd'hui. Mais ce monde a pris fin.

L'idéologie du marché qui triomphe avec pompe et éclat dans les pays développés va petit à petit se transposer au domaine des mœurs[1] par le biais des réformes dites « libératrices », dont les principaux promoteurs ont été ceux qui reniaient le capitalisme dans la vie économique. Ces libérateurs contestaient tout, y compris l'existence même du sujet et notamment sa capacité à accéder à la morale[2]. La seule chose mise de côté dans leur entreprise de destruction était, bien entendu, l'amour[3]. Car ils savaient que, s'ils voulaient terminer par tout détruire, l'« amour à tout prix » pouvait s'avérer l'*arme de destruction massive* la plus redoutable. De ce mélange explosif du capitalisme et des idéologies libertaires – il y a eu, certes, d'autres influences dont je parlerai plus tard – est née cette horreur amoureuse dans laquelle nous vivons ou, pour être exact, dans laquelle nous survivons. Cette forme de la maltraitance est

1. Pour une réflexion approfondie sur cette question si gênante, voir Michel Houellebecq, *Extension du domaine de la lutte*, Paris, Flammarion, 1994, et *Les Particules élémentaires*, Paris, Flammarion, 1998. Le succès de ces livres montre comment nos dénis trouvent une voie d'expression par l'intermédiaire de l'œuvre d'art, quand celle-ci ne cherche pas le snobisme ou la fausse haute culture.

2. Voir le très instructif et informé ouvrage de Luc Ferry et Alain Renaut, *La Pensée 68. Essai sur l'anti-humanisme contemporain*, Paris, Gallimard, 1985.

3. Souvenons-nous du jour où l'on a appris que l'un des leaders de ce mouvement, Roland Barthes, avait écrit ses *Fragments d'un discours amoureux*. Rappelez-vous que, pour présenter son livre, il n'a pas été gêné de venir à la télévision discuter avec Françoise Sagan et Anne Goulon, auteur d'*Angélique, marquise des anges*.

devenue un véritable sport grâce à l'appui que lui donnent l'État, les juges et surtout la morale individualiste qui fait des sentiments les plus vrais, les plus égoïstes le fondement de tout bonheur.

Toutefois, je vous mets en garde, d'emblée, contre vos propres arrière-pensées. Je ne prétends aucunement mettre en question la révolution des mœurs à laquelle tout un chacun tient tant. Divorce, avortement [1], pilule, concubinage généralisé, qui serait prêt à lâcher ces conquêtes aujourd'hui ? Il aurait fallu y penser avant, en tout cas. Je veux dire par là avoir mis en place des *garde-fous*, au moment même où ces réformes se réalisaient. Si l'on voulait aujourd'hui revenir sur ce qui a été fait, on serait condamné à l'échec. Il faut, en revanche, des dispositifs adaptés à des situations nouvelles, dispositifs qui protègent *réellement*, *efficacement* et *individuellement* contre la sujétion amoureuse, et ce dans n'importe quel cadre conjugal qu'on puisse trouver.

1. On peut d'ailleurs se demander s'il y n'a pas aujourd'hui tant d'avortements par an en France pour des raisons analogues, la précarisation ayant atteint non seulement la carrière professionnelle, mais aussi amoureuse. L'avorté est le sacrifié de cette loi du marché appliquée à l'amour. Car aucune femme n'avorte de gaieté de cœur, beaucoup d'entre elles désirent ces enfants qu'elles sont contraintes de supprimer à tout jamais à cause de l'instabilité de leurs couples. (Au moment même de la mort du professeur Jamet a paru un livre écrit par un grand sociologue démontrant avec des preuves accablantes la vérité scientifique de ces intuitions théoriques. Voir Luc Boltanski, *La Condition fœtale, une sociologie de l'engendrement et de l'avortement*, Paris, Gallimard, 2004 [*N.d.E.*].)

Depuis trop longtemps, on se rend compte des ravages de ces transformations, mais l'État, censé nous protéger, ne réagit pas. N'est-ce pourtant pas bien étrange ? Chaque parti politique se targue de nos jours de nous proposer des programmes de plus en plus sécuritaires, de protéger les citoyens contre les malheurs, les traumatismes psychiques et les nuisances. Un véritable consensus existe à droite aussi bien qu'à gauche sur le fait que l'État doit veiller sur nos souffrances psychiques, que les menaces viennent de nos collègues de travail, des atteintes sexuelles, des injures de toute sorte, des images pornographiques ou violentes, des manipulations sectaires, voire même des charlatans autoproclamés psychothérapeutes.

Cette idée restrictive qui voudrait que l'État se limite à nous protéger des violences physiques, des atteintes à la propriété ou à la santé et du chômage est devenue une véritable vieillerie. La psychologie est désormais, et fort heureusement, un moyen de gouvernement au point que l'on a créé un secrétariat d'État aux Victimes. On est censé s'y occuper de toutes sauf de celles de l'amour, les plus nombreuses, et les plus « victimes », si j'ose dire, parmi toutes. Car on censure tout discours qui porte sur les ravages de l'amour. Il est presque un signe de mauvais goût, une ringardise dans un monde toujours prêt à accepter plus de sacrifices pour glorifier cette nouvelle idole.

Souvenez-vous comme Isabelle Adjani s'est couverte de ridicule lorsqu'elle a osé rompre la loi du silence pour dénoncer les cruautés psychologiques de son partenaire. Lorsqu'elle a élevé la voix pour dénoncer l'absence de législation contre les abus dont elle avait été l'objet, tous les magazines s'en sont servis pour se moquer de cette femme courageuse. On n'a vu que dépit et vengeance quand, en vérité, elle ne l'avait pas fait pour elle-même mais pour les autres, pour dénoncer un certain type d'adultère conçu comme un jeu et dont les puissants profitent pour écraser les faibles[1]. On a très vite jugé que les mesures qu'elle prônait pour venir à bout de ces maltraitances, notamment la création d'une infraction de « cruautés psychologiques », étaient une atteinte intolérable à la vie privée, une sorte de folie. Bref, de ce que l'on a trop facilement dénommé un « feuilleton de l'été », il n'est resté que la honte attachée à l'exhibitionnisme des stars qui règlent leurs comptes au vu et au su de tous.

1. Et même s'il y avait eu dépit et vengeance, étaient-ils moins légitimes que les souffrances sordides qu'on lui avait fait endurer ? Faut-il reprocher aux gens célèbres, qui ont, eux, un peu plus de moyens de s'exprimer et de protester, d'utiliser les médias pour résoudre des conflits auxquels le droit actuel ne donne aucune réponse ?

Et pourtant je crois que ce beau geste méritait un autre accueil. Car il est temps de se rendre compte que l'amour est devenu l'instrument par lequel les pervers produisent des dommages si graves qu'aucune société soucieuse du bien-être de ses membres ne saurait normalement les tolérer. Mettre une limite en nommant la manipulation perverse, tenter de la faire considérer comme un acte criminel n'est qu'une manière de permettre à la victime de dépasser la situation traumatique, de la déculpabiliser afin de l'ouvrir à un avenir. Car, autrement, elle continuera à porter sur ses propres épaules le mal qu'on lui a fait subir. Elle pensera que ce qui s'est passé est sa faute, elle s'autopunira, sa santé et son bonheur seront hypothéqués jusqu'à la fin de ses jours. Qui plus est, en retrouvant un autre partenaire, elle se mettra de nouveau dans une situation de fragilité favorisant de nouvelles manipulations, convaincue que, si on l'a rejetée et torturée, c'est qu'elle n'était pas *aimable*. Elle pensera alors devoir se prêter à toutes sortes d'humiliations pour ne pas perdre, cette fois-ci, le sujet aimé. L'autre issue qui lui reste ouverte est encore plus dangereuse et terrifiante. Lorsque sa culpabilité et sa souffrance sont trop grandes, son appareil psychique est à tel point saccagé qu'elle prendra lors de sa prochaine relation la place du pervers. Elle répandra ainsi le mal qu'on lui a fait, produisant des victimes en chaîne.

Nous avons perdu les limites morales traditionnelles qui constituent une forme de légalité nous permettant par nous-mêmes de comprendre que certaines choses *ne se font pas*. Même les psychiatres refusent souvent la notion de « perversion amoureuse ». Ce mot choque, dérange.

Les psychanalystes sont, en grande partie, responsables de cet état de fait. Lorsqu'ils se trouvent face à la victime d'un pervers amoureux, ils ne font que l'enfoncer en lui faisant comprendre que, quelque part, elle l'a bien cherché, ne serait-ce que d'une façon inconsciente, comme on songeait jadis que la femme violée avait bel et bien été pour quelque chose dans son viol. La proie amoureuse est considérée comme une complice masochiste, obligée d'assumer son « désir », quand il faudrait lui démontrer que c'est le pervers le responsable de son malheur.

La psychanalyse nous a pourri la tête, nous laissant désarmés face à des individus de ce type. Qui plus est, il arrive parfois que l'on consulte en pleine situation de cruauté amoureuse et que le résultat soit que les manipulations du pervers deviennent encore plus monstrueuses de par la direction que prend la « cure ». Il arrive aussi que les pervers occasionnels qui consultent soient confortés par leurs analystes qui les poussent à continuer leur entreprise de destruction avec des armes plus efficaces, les libérant précisément de tout sentiment de culpabilité. Complices des pervers, les psychanalystes devront se décider un jour à écrire leur *livre noir*.

Mais il ne faut surtout pas oublier que la perversion amoureuse est une maladie politique. Les nouvelles théories qui circulent un peu partout autour de la vie privée entraînent les gens à perdre leurs repères et à croire qu'on peut être chaque fois plus libre au détriment d'autrui[1]. Certains écrivent même des livres et des traités qui vont dans ce sens, faisant passer leur perversion morale comme le signe même de la modernité. Par ce biais, les pervers se ressourcent entre eux et convainquent les autres, les manipulent, les obligent à accepter leur façon d'agir. Ils disent à leurs victimes : « Accepte ton sort, va voir un psy, fais ton deuil. »

L'objet de ce livre est d'analyser pour la première fois ce phénomène grâce à mon expérience clinique, afin de proposer une série de

1. Cette littérature est si innombrable et massive qu'un livre grand comme un annuaire ne saurait en rendre compte d'une manière complète. Les versions plus édulcorées, plus proches du conte de fées moderne, sont proposées notamment par des auteurs comme François de Singly, Jean-Claude Kaufmann, Maurice Godelier et autres, qui affirment que, dans notre société, les sentiments authentiques sont devenus les règles qui organisent les couples et les familles, ce dont il faudrait, à leur avis, se réjouir. Sur un autre plan, les mêmes sous-entendus habitent une littérature très à la mode aujourd'hui, celle que l'on nomme « autofiction » et où l'on fait de ses propres sentiments misérables et de leur exaltation le centre du monde, comme si l'on n'avait pas autre chose à raconter ou d'autres réflexions à mener dans l'œuvre littéraire.

réformes indispensables pour que ce carnage cesse une bonne fois pour toutes, et pour qu'il y ait un peu moins de souffrance dans le monde.

Pour ce faire, nous devons être prêts à affronter beaucoup de préjugés, à en terminer avec un certain nombre d'habitus qui nous lient les mains et qui permettent à des pervers de mener à terme leurs calamités sans que personne n'ait mot à dire.

Vous pourrez dire : « Ce dont vous parlez n'est le fait que de quelques pervers congénitaux, de véritables salauds qui ne vivent que pour faire le mal. Il suffirait de les identifier et de protéger la société de leurs ravages. » Cela est l'opinion de certains de mes collègues qui, de ce fait, nous rassurent et contribuent à maintenir ce carnage en place[1]. Leur but est simple : non pas accuser l'amour, mais nous attacher à neutraliser les pervers là où ils sévissent, pensant que, s'ils agissent ainsi, c'est qu'ils sont méchants.

1. C'est notamment le cas de ma collègue Marie-France Hirigoyen, et de son best-seller, *Le Harcèlement moral, la violence perverse au quotidien*, Paris, La Découverte/Syros, 1998. Je tiens néanmoins à signaler ici la profonde admiration que j'ai pour elle et, en général, pour l'ensemble de son œuvre, qui a commencé, sur mes pas, par un mémoire intitulé « La destruction morale, la violence perverse au quotidien », soutenu en 1995. Je ne saurai non plus m'empêcher de retranscrire ici l'exergue de Pierre Desproges, qu'elle a choisi pour l'introduction de son œuvre majeure et que je n'aurais jamais pu trouver : « Un mot qui vient bien, ça peut tuer ou humilier, sans qu'on se salisse les mains. Une des grandes joies de la vie, c'est d'humilier ses semblables », *ibid.*, Pocket, p. 7.

Mon but est de montrer que la perversion amoureuse n'est point l'apanage de certains individus nés pour le mal, si j'ose dire, mais qu'elle peut apparaître chez chacun d'entre nous, y compris ceux dont la bonne intériorisation de la morale pourrait faire d'honnêtes citoyens. Théorie républicaine du mal, et non plus seulement cantonnée à la communauté des pervers, mes positions sont certes moins rassurantes mais beaucoup plus proches de la réalité. Il est fort commode de penser qu'il suffit de détecter des pervers pour les empêcher de nuire, les encercler et les isoler de la population. Il suffirait de faire des enquêtes, de les traquer avant même qu'ils se mettent à faire du mal à autrui, pour vivre dans une société parfaite. Bien plus difficile est de penser que le mal nous habite tous potentiellement et qu'il revient à l'État de prendre ses responsabilités. Car, mesdames et messieurs, combien parmi les plus honnêtes ne deviendraient pas voleurs si on leur laissait les vitrines de chez Cartier ouvertes, leur assurant qu'aucun larcin ne serait puni ? Combien d'entre nous pourraient résister à la tentation de ne point payer leurs impôts si on leur garantissait la plus parfaite impunité ?

Détrompez-vous ! Vous me croyez déjà fou et naïf, avant même d'avoir lu mes hypothèses et mes démonstrations. Vous devez d'ores et déjà vous dire : « Même si cela était vrai, il ne faudrait jamais l'écrire, jamais le dire, jamais ! » Je le sais.

Je sais ce que je risque en écrivant ce livre. Je brise des tabous, et le plus caché, le plus grave d'entre tous : celui qui fait de l'amour un territoire que la morale et le droit ne sauraient visiter de leurs yeux et de leur glaive. Tout cela en hommage à cette grande supercherie de la protection de la vie privée, que même la Convention européenne des droits de l'homme érige en liberté publique. L'on sait toutefois que cette sempiternelle vie privée, tout comme le marché supposé « libre », cache les relations de pouvoir les plus atroces, fait triompher la loi de la jungle, la loi du plus fort. Si je prends ce risque, c'est parce que mes jours sont comptés – un cancer est en train d'en finir avec moi comme un amour infâme.

Vous direz que je suis bête et égoïste, est-ce que je ne songe pas à la *vida de la fama*, à ma mémoire ridiculisée par le public ignorant et brutal ? Ne suis-je pas capable de penser à la honte que pourront ressentir mes enfants à porter ce beau nom de Jamet ? Oui, j'y songe. Mais parfois, à certains moments de l'Histoire, il semble indispensable de se sacrifier, de jouer le tout pour le tout, pour que l'humanité se donne les chances d'un autre avenir.

Jean-Luc Jamet
Paris, le 26 septembre 2004

Pourquoi les cas cliniques ?

Rien de plus utile que de dévoiler un problème social à travers les individus en chair et en os qui le vivent. C'est dans la souffrance de chacun d'entre eux que les lois sociales et psychiques deviennent compréhensibles. C'est pour cette raison que j'ai décidé non pas de rédiger un traité avec des idées générales et abstraites, mais de vous montrer la vérité de l'enfer amoureux à travers le vécu d'individus aussi réels que vous et moi. Cela nous permettra de faire ce que l'on dénomme en psychopathologie communicationnelle le « test de l'empathie ». Celui-ci consiste, en substance, à se laisser interpeller par trois grandes questions :

« Aimerais-je me retrouver dans la situation de la proie ? »

« Y a-t-il des points par lesquels mon malheur à moi se rapproche de celui de cette victime-là ? »

« Serais-je prêt à appuyer les réformes sociales dont le but serait de mettre un terme définitif à des situations de ce genre[1] ? »

C'est pour rendre possible ce test que j'ai pris le soin de retranscrire les enregistrements de la première séance, afin que ces histoires terribles sortent directement de la bouche des proies, telles qu'elles ont été racontées, avant même que mon travail d'élucidation thérapeutique ait été réalisé. Ces discours frais et authentiques valent toujours mille fois plus que tout propos, si poignant soit-il, rapporté par le thérapeute. Je rends aussi compte du déroulement et des résultats de la thérapie, afin de montrer les mécanismes de la manipulation amoureuse et les impasses dans lesquelles ils mettent les proies et ceux qui cherchent à les guérir.

L'analyse de ces cas est complétée par une série de réflexions plus théoriques qui permettent d'approfondir la connaissance des phénomènes d'emprise amoureuse du point de vue psychologique, social, culturel et politique.

1. Cette méthode est issue de la psychologie expérimentale, et notamment des travaux de John Kevin et Myriam Johnson, dont le plus important a été traduit en français sous le titre *La Souffrance des autres, mon miroir*, Paris, éd. du Désert, 1995. Par la suite, grâce à sa large diffusion, cette méthode a été adaptée par des journalistes engagés aussi bien dans la presse qu'à la télévision, donnant les meilleurs résultats. Voir Monique Landrou, *Lorsque les journalistes s'engagent, les médias et la défense des victimes des violences psychologiques*, Paris, éd. L'Amandine, 2003.

J'ai bien évidemment changé les noms de mes patients et tout ce qui aurait pu contribuer à les reconnaître. Je sais néanmoins que ces opérations de travestissement ne peuvent pas être complètement réussies car, ce faisant, j'aurais dénaturé les mécanismes subtils de la manipulation. Je m'excuse par avance, donc, si jamais mes patients sont découverts par leurs proches. En tout état de cause, plus ils sont connus du grand public, plus j'ai fait des efforts pour transformer les indices qui faciliteraient leur identification.

Je sais que ceux qui, d'emblée, critiqueront ma démarche, ne trouvant pas « éthique » de publier les cas cliniques, ne manqueront pas. Pourtant, ce qui arrive de nos jours avec la sujétion amoureuse est bien plus grave que tous les dommages que l'on peut produire par le fait de dévoiler des détails intimes de la vie de ses patients. C'est pour cela que ma plume n'a pas tremblé, ne serait-ce qu'une seconde, lorsque j'ai décidé de faire ce livre de cette manière-là.

Un

Philippe K. est directeur d'une entreprise moyenne et prospère installée dans la région parisienne. Il est grand et obèse. Il entre dans mon cabinet la tête basse, comme un criminel qui voudrait se cacher du regard du monde. Il a quarante-cinq ans mais en fait soixante. Il parle d'une voix presque inaudible que ses crises de larmes cassent à intervalles réguliers. En dépit de cette anxiété extrême, il a l'air propre et soigné, comme s'il cherchait à travers son attachement à l'hygiène à se protéger de la déchéance ultime.

« J'ai connu Liliane dans mon entreprise un beau jour de mai. Elle cherchait du travail comme comptable. Je suis tombé amoureux, tout de suite, dès que je l'ai vue. Je ne saurais pas vous expliquer le coup au cœur que j'ai ressenti lorsqu'elle m'a regardé pour la première fois. Elle était assise devant moi, dans mon bureau, et, comme par magie, cet endroit, qui était pour moi gris et morne, est devenu l'écrin inapproprié d'une perle exquise. Je me disais que la femme de ménage ne l'avait pas bien nettoyé, qu'il y avait des poussières partout, que Liliane allait s'en rendre compte. Je me suis aussi reproché de ne pas l'avoir mieux décoré. J'avais honte des meubles, du tapis, et même du paysage que l'on voyait à travers la fenêtre. Pendant qu'elle me parlait de son expérience professionnelle, le monde, ma vie entière tournaient dans ma tête et je me disais que tout ce que j'avais vécu jusqu'alors n'était qu'un long et pénible préliminaire à cette rencontre. Liliane était non seulement très belle, mais aussi très vive, très amusante. Elle venait d'un milieu défavorisé mais elle a très vite su se frayer un chemin. Étant marié, je savais que mes sentiments à son égard étaient fautifs. Tantôt je maudissais le jour de mon mariage, tantôt je m'en voulais d'aimer Liliane. J'essayais de tout faire pour me contrôler, me convaincre que c'était une passion passagère : ma respiration coupée à peine m'adressait-elle la parole, mes mains moites lorsque je pensais à elle, tous ces phénomènes si réels n'étaient qu'illusoires. Mais elle faisait tout pour me séduire : elle mettait des minijupes, des décolletés, des pantalons moulants qui me faisaient rêver. À chaque fois, elle trouvait un prétexte pour me parler de tout et de rien. Elle me demandait si je voulais un café, si j'avais vu tel film... Et j'ai cédé. J'ai cédé parce que j'étais faible, et peut-être aussi pour d'autres raisons bien plus sordides

« Depuis que je suis petit, je suis gros, je mange trop de bonbons. Le sucre est ma seule drogue, mais il faut dire qu'elle m'a coûté plus cher qu'à d'autres l'alcool ou la cigarette. Jamais les jolies filles ne voulaient de moi et il m'a fallu faire appel à des prostituées pour m'initier à la vie sexuelle. Ma femme était grosse aussi. Je l'avais rencontrée dans un groupe de parole pour obèses, et nous nous étions plu l'un à l'autre. Je dis "plu" tout en sachant que, dans cet univers clos des gros, le marché amoureux se réduit à la population captive de sa graisse. Car nous voyons toutes les créatures dotées de corps normaux comme si elles étaient derrière une vitre. Nous savons qu'elles sont aussi impossibles à embrasser que des spectres, aussi inaccessibles que des acteurs de cinéma. Résignés, nous avions, en dépit de tout, l'impression de nous être choisis l'un l'autre.

« Au moment du coup de foudre, je vivais paisiblement avec ma femme depuis dix ans et on avait fait deux enfants formidables. Il est vrai que j'avais toujours le rêve des belles femmes. Mais je me consolais avec toutes les autres choses que la vie m'avait données.

« Ma femme, la pauvre, l'a su très vite parce que je n'ai jamais rien su lui cacher. Elle a d'abord un peu mal réagi mais rapidement, faisant preuve d'un bon sens et d'une compréhension étonnants, elle m'a proposé un *modus vivendi* qui aurait pu fonctionner dans d'autres circonstances. Elle croyait que mes ardeurs allaient se calmer et que les choses reprendraient leur cours. Mais Liliane n'a pas voulu. Non parce qu'elle voulait vivre avec moi ou m'épouser ou parce qu'elle me promettait à son tour une quelconque forme de fidélité. Elle disait que c'était à cette seule condition qu'elle ne se sentirait pas comme une sorte de bonne abusée par son patron. Elle a exigé de moi d'une façon solennelle et péremptoire que je quitte mon épouse sous peine de cesser tout rapport avec moi. Et je l'ai fait parce que je ne pouvais pas me passer d'elle, même si cela m'a rempli de culpabilité à l'égard de ma femme et de mes enfants.

« Le divorce fut prononcé et on a établi un régime classique de résidence pour les enfants : un week-end sur deux et la moitié des vacances scolaires, ils seraient avec moi. Mais, sous prétexte que ces pauvres malheureux me faisaient penser à ma femme, qui, selon elle, la détestait, elle m'a obligé d'abord à réduire mes rencontres (un dimanche par mois et pas de vacances), puis à ne plus les voir du tout. C'était assez terrible, à vrai dire. Mais je ne pouvais pas lui résister.

Elle menaçait à chaque fois de me quitter et cette idée était pour moi encore plus insupportable que la mort. (Pleurs.)

« Mon attitude a fini par dresser contre moi mes amis et ma famille, hormis ma mère, qui m'aimait plus que tout. Mais la jalousie de Liliane m'a fait aussi couper les ponts avec elle. Elle m'a obligé à lui écrire une lettre affreuse, qu'elle m'a dictée, pleine d'injures et d'accusations, comme par exemple : "Si je suis obèse c'est de ta faute, tu n'avais qu'à ne pas me gaver de gâteaux, vieille conne" ou "Toutes ces sucreries étaient un moyen de compenser tes désirs incestueux à mon égard". Quand j'y repense, cela me donne des frissons. (Pleurs.) Elle développait plein d'explications psychanalytiques sur l'importance pour moi de me libérer de toutes ces "emprises" du passé. Tout cela sous les auspices d'une thérapeute qui croyait connaître non seulement les désirs obscurs de Liliane, mais aussi les miens et ceux de la terre entière.

« Après cette horrible lettre, ma mère a pris la décision de se suicider (il faut dire que je suis fils unique). Un jour d'août, elle est montée sur le pont des Arts et s'est jetée dans la Seine. Mais heureusement elle s'est ratée, les pompiers l'ont sortie de l'eau tout de suite.

« Quand Liliane l'a su, elle m'a dit : "C'est dommage, au moins tu aurais pu toucher ton héritage." Puis elle a construit une théorie selon laquelle ma mère aurait simulé son suicide pour me monter contre elle, que c'était du cirque, que, par ce biais, elle aurait cherché à se rendre intéressante à mes yeux. Elle m'a encore obligé à lui écrire une lettre disant cela, l'accusant de manipulation : "Pourquoi as-tu enlevé tes bijoux et tes lunettes avant de te jeter dans la Seine, vieille salope ? Pourquoi tu t'es jetée à l'eau en plein été tout en sachant nager ?"

« Après cette dernière lettre, ma mère s'est suicidée pour de bon. (Pleurs.) Elle a attendu l'hiver, elle n'a enlevé ni ses lunettes ni ses bijoux et s'est jetée dans la Seine le soir. On n'a retrouvé son corps que le lendemain. (Pleurs.) Et voilà donc que, désormais, Liliane m'avait pour elle toute seule.

« Je pensais que cette nouvelle situation, si dramatique qu'elle fût pour moi, allait la calmer. Mais non. Je me trompais encore. Elle a commencé à m'agresser avec mon poids, m'obligeant à faire un régime dans des conditions terribles.

« Chaque fois qu'on se voyait, j'étais obligé de monter sur la balance de la salle de bains. Elle ne me permettait de l'approcher, de la toucher, ne serait-ce qu'un peu, que si j'avais perdu du poids. J'étais chaque jour véritablement terrorisé par cette balance. J'ai fini par manipuler un peu la mécanique parce que, parfois, je devais me passer de Liliane pendant des semaines si j'avais pris quelques grammes. Quand elle l'a découvert, elle m'a dit que c'était fini entre nous. (Pleurs.)

« Le pire, c'est qu'elle continuait à travailler dans l'entreprise, et je ne pouvais pas supporter de la voir en même temps que ma vie était complètement brisée. Ça m'est arrivé d'insister, peut-être beaucoup, parfois, pour qu'elle revienne, pour qu'on reprenne notre relation. C'est alors qu'elle m'a accusé de harcèlement sexuel, et elle a gagné le procès. Elle a même écrit un livre dont vous avez dû entendre parler, j'imagine : *Harcelons les harceleurs*[1]. Elle y prétend que c'est contre son "être femme" que ma persécution s'adressait. Elle dit que je l'ai prise comme on prend les femmes dans cette société patriarcale, comme une chose, une proie, un être à abuser car fait *pour cela*. Plein de personnalités féministes se sont exprimées dans les colonnes des journaux pour manifester leur solidarité avec la victime et, d'un coup, j'étais transformé aux yeux de tous en un bourreau encore plus exécrable que Klaus Barbie. Je vous assure que je n'exagère pas. L'une des phrases de son livre qui a fait fureur dit ceci : "Mon harceleur était un nazi pendant qu'il me harcelait."

« Après les affres du procès, et notamment les témoignages (il faut dire que ma propre famille

1. Comme vous devez bien l'imaginer, j'ai changé le titre de l'ouvrage pour qu'on ne puisse pas reconnaître l'effroyable bourrelle.

a témoigné contre moi), j'ai repris tous les kilos que j'avais perdus, au point que, pour me sauver la vie, il a fallu m'hospitaliser et me mettre un anneau dans l'estomac pour m'empêcher de manger. Depuis que j'ai l'anneau, je déprime parce que je ne trouve aucune compensation à ce désastre. (Pleurs.) »

Analyse clinique

C'est avec ce cas que j'ai voulu commencer car il présente les traits les plus classiques de la sujétion amoureuse. Liliane, passée d'être humain à bourrelle, profite de la fragilité affective de Philippe, de ses complexes, du fait qu'il soit gros, ainsi que de l'impression si vive qu'elle a su susciter chez lui. Puis elle l'isole de tous, des êtres qui lui sont le plus chers, afin de l'avoir à sa merci, pour mieux le torturer, et la torture va jusqu'au bout. Il s'agit d'un phénomène parfaitement identique à celui qui a lieu dans les emprises sectaires. La proie est capturée de la même manière, on coupe tous les ponts affectifs qui la lient au monde extérieur. *L'amour passion est une véritable emprise sectaire dans la société actuelle que l'on ne perçoit pas comme telle, car il semblerait que ce soit une secte autorisée même si elle peut s'avérer encore plus dangereuse que celles contre lesquelles nos gouvernants ne cessent de nous mettre en garde.*

Comme on peut aussi le constater, le but de Liliane n'était pas de tirer un profit économique. Elle aurait eu plus à gagner en restant avec Philippe, surtout après la mort de sa mère, qui lui laissa un énorme héritage. Elle aurait pu en profiter pour s'enrichir et le quitter ensuite. Mais son but n'était pas celui-là. Ce qu'elle voulait, c'était capturer son âme, connaître la jouissance infinie que procure au pervers le fait de posséder l'autre comme sa chose, son gibier, afin d'avoir le sentiment surhumain d'exister, comme le dieu cruel des Aztèques qui demandait qu'on lui offre le cœur chaud des victimes sur l'autel.

Il est intéressant de souligner que, en dépit des demandes de divorce et autres, Liliane n'a jamais demandé à Philippe K. de l'épouser. Cela tient au fait que, tout en étant son employée, elle voulait garder une certaine maîtrise de la situation car elle était, à l'égard de la loi, dans une position de faiblesse, ce qui lui permit, plus tard, d'en tirer les plus grands profits, la bourrelle devenant ainsi une victime aux yeux du monde et notamment des juges. Et si cette loi contre le harcèlement sexuel faite pour tenir un peu à carreau les hommes n'est pas mauvaise en elle-même, elle peut parfois être utilisée par des manipulatrices, car elle leur donne le pouvoir de faire qu'un juge traite leurs proies comme des sortes de nuisances qui les empêchent de vivre. Personne ne se demande pourtant comment l'individu qui quémande en est arrivé à une telle situation d'humiliation. Le pervers cherche, ce faisant, à se mettre non seulement d'accord avec la loi mais aussi à s'en servir dans sa stratégie de destruction d'autrui. Car aucune, absolument aucune des horreurs qu'il a commises n'est considérée par nos lois comme un crime ou un délit. Et ceci, il le sait fort bien. Les pervers amoureux sont les meilleurs juristes du monde. Ils ont fait leur droit dans cette école des rapports de forces qu'est la société capitaliste mondialisée.

Ces remarques nous conduisent à souligner une autre grande faille de l'ordre actuel : celle de ne pas punir, au-delà de la maltraitance amoureuse proprement dite, le chantage sexuel négatif qui, très souvent, va avec. Par ce biais, combien de souffrances produit-on, parfois plus graves que lorsque l'on impose des rapports sexuels à quelqu'un ? Certains disent que les gens n'ont qu'à se retenir. Soit. Mais accordez-moi que ce n'est pas pareil lorsque ce type de chantage a lieu dans une *stratégie de destruction d'autrui* avérée comme c'est le cas ici.

Dans la typologie des perversions amoureuses, le cas de Liliane est aussi très intéressant. Cette femme était une bonne employée, fille et amie.

Une personne honnête avec tout le monde. Qui plus est, ayant été mariée autrefois, elle aurait, semble-t-il, voué plusieurs années de sa vie à s'occuper des vieux parents malades de son ancien mari, comme une véritable Samaritaine. Ce n'est qu'avec Philippe que sa perversité explosa car, au début de la relation, elle avait été amoureuse de lui. C'est ce sentiment qui a fait naître chez elle un désir de destruction. Nous analyserons plus bas ce phénomène qui constitue le problème central de la sujétion amoureuse ordinaire.

Épilogue

Au bout de quelques années de traitement, Philippe K. s'améliora et commença à comprendre à quel point il avait été manipulé dans sa relation mortifère avec Liliane. Mais l'empreinte psychique qu'elle lui laissa prit, un jour, le devant, sans même qu'il s'en rende compte. C'est ainsi que, au cours du traitement, il entra en contact avec une secte déguisée en groupe de « relaxation et de danse psychique » à laquelle je ne m'étais pas opposé, pensant qu'ainsi il trouverait peut-être enfin une femme avec qui il pourrait refaire sa vie, d'une autre manière. Mais lorsque j'ai compris de quoi il était question, c'était trop tard. La secte, gouvernée par une gouroue aussi despotique que Liliane, lui a fait tout quitter, y compris la thérapie qui nous suivions, afin de s'installer dans une sorte de colonie dans le Sud. J'ai compris par la suite que Philippe avait été attiré par la propagande de l'abstinence sexuelle pratiquée par la secte, car, au fond, il avait attribué à tort le fait d'avoir perdu Liliane à son désir démesuré pour elle (il faut dire que la mort de sa mère lui posait moins de problèmes de conscience, mais passons). Il était convaincu que c'était la manipulation de la balance qui avait déçu sa bourrelle, que s'il avait su maîtriser ses désirs, il serait encore avec elle. J'ai su, par une lettre désespérée que son ex-épouse m'a adressée, qu'il avait fait don de la plupart de sa fortune à la secte et que, en échange, on le soumettait à des exercices et à des jeûnes épuisants.

J'ai alors compris que, tant que les lois ne changeront pas, la sujétion amoureuse restera une maladie qu'aucun psychothérapeute, si brillant soit-il, ne pourra guérir. Car le psychothérapeute seul ne peut pas, de son divan, déculpabiliser un individu que la société dans son ensemble tient pour responsable de son sort. Face à cette interprétation collective de son mal, Philippe a choisi l'une des voies qui s'ouvrent aux proies : l'autopunition. Seul un juge aurait pu lui faire comprendre par le châtiment de sa bourrelle qu'il avait été victime d'une manipulation criminelle, qu'il n'était en rien responsable de ce qui lui était arrivé et lui donner ainsi les chances d'un nouvel avenir.

Emprises ordinaires

Il m'était impossible d'aimer, car, je le répète, aimer, chez moi, voulait dire tyranniser et dominer moralement. Je n'ai même jamais pu me représenter l'amour sous une autre forme et j'en suis arrivé à ce point que je songe parfois aujourd'hui que l'amour consiste pour l'objet aimé à accorder de bon gré le droit de le tyranniser. Dans mes rêves souterrains je n'ai jamais pu m'imaginer l'amour que sous forme de lutte : je commençais par la haine pour finir avec l'assujettissement moral, mais ne parvenais pas à me représenter ce que je ferais ensuite de cet être assujetti.

Voilà ce qu'écrivait Dostoïevski dans *Carnets du sous-sol*[1].

Combien d'yeux ont parcouru ces lignes depuis plus d'un siècle en faisant semblant de croire que c'était la pensée d'un psychopathe ? Et pourtant, voici la description la plus parfaite

1. *Carnets du sous-sol*, traduction de Pierre Pascal et Boris de Schloezer, Paris, Gallimard, coll. « Folio », 2003, p. 291.

de l'amour *eros*, de l'amour qui domine aujourd'hui, celui que nos gouvernants cherchent à promouvoir à tout prix.

Car lorsque l'on parle d'amour, il faut distinguer les trois acceptions de ce mot que les Grecs dénommaient *agapé*, *philia* et *eros*. Tandis que les deux premières faisaient allusion aussi bien à l'amour désintéressé et généreux qu'à l'amitié, seul *eros* délimitait une réalité qui ressemble à la nôtre.

Eros était, selon les Grecs, un amour qui ne peut se passer de la présence de l'autre, un amour cannibale, un amour fou, absolu, celui qui fait que les gens se retrouvent dans des situations proches du délire, pour tout oublier, pour s'arracher au monde frustrant et sauvage qui est le nôtre, le substituer aux autres liens absents, compenser leurs échecs, prendre la place de toute spiritualité. Cet amour-là s'est développé comme la foudre et chacun est prêt à tout pour le vivre. Tandis que les autres voies de l'oubli sont interdites ou déconsidérées, l'amour est, au contraire, quelque chose que l'on a voulu tout à la fois banaliser et ennoblir.

On peut très bien le reconnaître par la capture qu'il opère dans ce que l'on dénomme le « coup de foudre ». Ce sursaut psychique peut se déclencher soit à la première rencontre, soit plus tard. On peut comparer cette « capture », ce « ravissement d'âme », pour paraphraser le grand Tobie Nathan, à une naissance. La passion amoureuse nous fait penser que nous naissons au monde de l'Autre, que la réalité comme telle se réduit à son être à lui, que, hormis cette terre promise qu'est son corps, sa voix, son parfum, nous sommes bannis de la vie elle-même. Seule la naissance peut être comparable à la violence de la capture. Car naître, n'est-ce pas précisément cet étrange cauchemar qui nous attribue un corps, un visage, une intelligence, une famille, un pays, une langue comme un destin inéluctable ? Y a-t-il quelque chose de plus contre-intuitif que de penser qu'on puisse « naître autre » ? Si une telle chose était possible, nous ne serions pas nous-mêmes et, peut-être, nous ne serions rien du tout.

C'est dans ces conditions que celui qui va nous tourmenter de cet amour agira sur nous. Il ne sera pas pour nous un accident dans le sens d'Aristote, mais une essence, l'essence même de notre identité. Il se présentera à nous comme une évidence aussi inéluctable que le fait de naître dans un monde où il y a des lois physiques comme celle de la gravité et dans lequel le temps passe comme un horrible tyran, lois contre lesquelles personne ne peut se révolter.

Cet amour-là produit des déséquilibres très forts entre les individus. Chaque fois que deux personnes sont amoureuses, il y en a une qui aime davantage. Cela par un fait bien simple : le degré d'attachement identique est impossible, de même qu'il n'y a pas deux pierres ou deux yeux, si semblables soient-ils, qui ne présentent une petite différence de taille. Cela est immédiatement perceptible par les deux individus engagés dans cet amour. Chacun sait le degré de terreur que produit sur l'autre la possibilité d'une rupture. Celui qui aime le moins sait que l'autre craint beaucoup plus que lui cette rupture car son attachement est tel qu'il ne supporte même pas que cette possibilité s'accomplisse ne serait-ce que dans les idées ou dans le langage. Celui qui est capable de risquer cette rupture dans l'esprit devient le maître, et l'autre, son effroyable esclave. C'est par cette faille que l'horreur advient au couple. Par vanité ou par jeu dans un premier temps, celui qui aime le moins commence à demander plus et plus de choses à celui qui aime davantage. On veut exercer un petit pouvoir à sa portée pour se sentir maître absolu ne serait-ce que de cet espace minuscule et sordide de la vie à deux. Pour paraphraser Dalí, *l'amour est la tyrannie à la portée des caniches*. Il est difficile, voire impossible, d'échapper à ce jeu. Entre-temps, l'autre, celui qui aime le plus, devenu proie, se met à encaisser les coups les plus terribles. Il commence à développer une haine secrète, qu'il refoule, contre laquelle il culpabilise et qui le fait obéir davantage.

Il n'est pas de relation amoureuse dans laquelle ce rapport de forces serait exclu. Cela ouvre au dominant un pouvoir. Or, comme le dit si bien Montesquieu, les gouvernants ne sauraient se limiter eux-mêmes. Il faut donc que les institutions soient les garantes de ces limites. Il est certain que le degré de mal est très variable mais il existe toujours et il cause trop de souffrance. *La perversion est non pas l'autre, l'opposé de l'amour, mais sa conséquence nécessaire en termes psychologiques.* Il est certain qu'il y a des gens qui ne chercheront pas à tirer un profit démesuré de leur situation de supériorité dans la relation. Mais ces personnes-là sont trop rares pour que l'on puisse en tenir compte comme paramètre général et légiférer pour l'ensemble d'une population. Il est certain que Mère Teresa n'est pas l'individu moyen dont le législateur tient compte pour élaborer un code pénal. *On pense plutôt à tous les autres, à ceux qui, comme vous et moi, sont capables de se laisser tenter par le plaisir d'humilier sans merci l'être qui nous est le plus proche, voire le plus cher.* Qui plus est, mon expérience clinique m'a montré que le mal de la sujétion amoureuse dépend moins de la méchanceté du pervers que de la capacité de résistance de la proie. En amour, il n'y a pas de bons et de méchants. L'individu le plus honnête peut se transformer en le plus ignominieux des bourreaux. C'est bien pour quelque chose que Mère Teresa a fait vœu de chasteté. Les saints, les êtres touchés par la Grâce ne rentrent pas de nos jours en Amour, du moins pas au sens de l'*eros*. C'est pourquoi le maintien du célibat des prêtres, sur lequel l'Église catholique ne veut pas revenir, est l'expression d'une sagesse profonde, et non point d'un conservatisme aveugle comme on le prétend d'habitude.

Il est vrai que, lorsque le pervers se met à chercher les limites de l'autre, à en obtenir une folle adoration, il se sort de l'état amoureux proprement dit et devient un spectateur assoiffé de sang. On peut donc dire que, dès qu'il entame son travail de destruction, ce qui n'est pas immédiat, il sort du registre de l'amour. Mais c'est bien l'état amoureux qui l'y a mené et non pas un calcul antérieur, c'est l'amour qu'il ressentait pour l'autre qui le pousse à devenir un bourreau. On oublie souvent que, pour avoir une volonté de détruire l'autre, il faut s'y intéresser. Les badauds, ceux qui croient savoir quelque chose de la morale et la psychologie, pensent qu'il s'agit d'indifférence et de mépris. Mais c'est tout le contraire. Autrui et sa souffrance nous intéressent au plus haut point et c'est pour cela que nous la lui infligeons. Faire souffrir, c'est du travail, et parfois très pénible. Il faut la force extraordinaire que donne l'amour pour l'engager et surtout pour avoir le courage de mener l'entreprise à son terme : la destruction totale de l'autre.

Deux

I will speak daggers to her, but use none[1].

Charles entre dans mon cabinet en fauteuil roulant, le visage triste et beau, très mal habillé, exprimant une certaine gêne à venir voir un psychothérapeute. Il me regarde à peine et, chaque fois qu'une phrase sort de sa bouche, les phonèmes s'enchaînent avec une tension telle que je souhaiterais que la violence d'un tonnerre casse la planète en deux afin d'apaiser ce misérable. Mais aucune de mes craintes n'a été à la hauteur de la terrible histoire que sa bourrelle lui a fait subir. Écoutons-le donc.

1. « Je la poignarderai seulement de paroles. » William Shakespeare, *Hamlet*, acte III, scène II.

« Quand j'ai rencontré Brigitte, j'avais trente ans et elle en avait presque cinquante. J'étais à l'époque en parfaite santé. J'étais sportif, beau, riche, je gagnais très bien ma vie comme réalisateur de documentaires pour la télévision. Brigitte, en revanche, avait déjà plein de signes du temps sur le visage. Elle n'était pas belle et de surcroît elle était employée dans une crèche où elle se faisait exploiter. Elle n'avait aucun autre revenu que ce salaire misérable. Elle habitait dans une banlieue difficile et avait deux heures de transport à l'aller et deux heures pour rentrer chez elle.

« Je l'ai rencontrée par hasard, alors que je faisais un documentaire sans grand intérêt sur les crèches à Paris. Quand je l'ai vue, j'ai été éberlué. Elle avait quelque chose de très touchant, une sensualité et une féminité particulières, une voix terriblement envoûtante. C'est curieux, dès que je tente de l'évoquer, j'ai des frissons qui me traversent comme des vagues. Je me souviens qu'en rentrant chez moi quelques heures après l'avoir rencontrée j'ai eu comme un coup de marteau sur la nuque. Un coup que j'avais ressenti comme un douloureux bonheur, une douce blessure par laquelle, sans le vouloir complètement mais sans le refuser non plus, j'avais été à jamais ligoté à Brigitte. À ce moment précis, j'ai su que ma vie ne valait plus rien sans qu'elle la désire.

« Mais je ne saurais pas tout mettre sur le compte du coup de foudre. Brigitte était intelligente, très drôle, pleine d'enthousiasme et de curiosité pour toute chose en dépit de l'existence grise qu'elle menait. Elle n'avait jamais été mariée auparavant. Elle avait juste vécu quelques mois avec un homme qui la battait, qui buvait et qui lui avait laissé comme souvenirs quelques cicatrices sur les côtes et les jambes. Elle disait que, même si elle était très ancienne, cette expérience lui avait enlevé tout désir d'entamer une quelconque relation avec un homme. Mais j'avoue que, très vite, il m'est venu à l'esprit que Brigitte avait inventé de toutes pièces cette histoire, qu'elle s'était fait toute seule ces cicatrices afin de ne jamais se livrer à la passion amoureuse.

« Il m'a été très difficile de la convaincre de nous retrouver prendre un verre parce qu'elle pensait que je me moquais d'elle. Elle m'a fait comprendre immédiatement que je ne devais rien attendre d'elle parce que j'étais jeune, riche et beau et qu'elle était vieille, pauvre et laide. Elle prétendait que je ne voudrais que lui porter tort, m'amuser un instant pour la laisser ensuite seule avec sa misère, sa peine et sa mélancolie. Pour me faire comprendre les écarts entre le paradis impossible que je lui promettais et la réalité de la misère qu'elle vivait au quotidien, elle tenait à me raconter ce qui se passait dans sa banlieue. Elle prétendait que si on ne l'avait pas encore violée en réunion, c'était parce qu'elle était trop vieille pour ces jeunes délinquants. Puis elle m'a avoué que, pour se protéger de ces agressions, elle avait dû, en dépit de son catholicisme, se mettre un voile, y compris pour aller acheter une baguette. Mais il avait été somme toute plus facile de se protéger des viols, selon elle, que des innombrables vols dont elle était victime, y compris de la part des gens de son immeuble. Ses propres voisins, avec qui elle entretenait d'excellentes relations, lui piquaient des choses, des choses sans valeur qu'elle était prête à leur donner, juste pour profiter de l'impunité dans laquelle on vit dans ce pays, disait-elle en pleurant.

« Loin de me décourager, l'attitude de Brigitte ne faisait que me donner de plus en plus de force. Non seulement mon élan m'amènerait à assouvir ma passion mais, ce faisant, j'avais le sentiment de sauver une femme de son propre sentiment de honte.

« Je lui téléphonais tous les jours, lui envoyais des lettres et des cadeaux à sa crèche et, de temps en temps, elle acceptait de me voir pour prendre un verre. Lorsque, après d'âpres négociations, j'obtenais qu'on dîne ensemble, elle m'empêchait systématiquement de payer sa part et cherchait même à payer la mienne.

« J'étais hypnotisé, comme si une sorcière avait jeté un sort sur moi. Au bout de trois mois, elle a accepté finalement de venir passer quelques jours par semaine chez moi, prétextant qu'ainsi elle aurait moins de transports à faire. Je ne saurais vous dire combien j'ai été épanoui à ce moment-là. Cette époque fut pour moi la période la plus heureuse de ma vie. Brigitte était vraiment formidable. Jamais je n'avais ressenti des émotions pareilles avec une femme.

« Mais un jour, ce bonheur s'est brisé comme un vase de porcelaine chinoise. Elle est repartie vivre chez elle, me disant que le mieux, c'était qu'on ne se voie plus, parce que sinon elle allait être trop malheureuse. Elle disait que notre relation était aussi belle qu'impossible, que j'allais la quitter à peine j'aurais trouvé une femme de mon âge et de mon niveau social.

« Mon désespoir fut infini. J'ai perdu le sommeil, l'appétit et toute envie de vivre. J'ai commencé à prendre des médicaments, à boire, tout ça pour adoucir un peu cette peine. Et puis j'ai commencé à venir la chercher à son travail, et tout ce qu'elle me répondait, c'était : "Quand vas-tu arrêter de te moquer de moi ? Tu ne te rends donc pas compte de ma souffrance ?", comme si c'était elle qu'il fallait consoler. Un jour, pour mettre un terme définitif à notre relation, elle m'a dit qu'elle avait décidé de faire sa vie avec un vieux plombier à la retraite, qui, lui, serait "à sa hauteur". Prétendre à plus que ce que l'on peut, disait-elle en pleurant, était un péché condamné par toutes les morales.

« Elle finit par m'avouer que cette histoire de plombier n'était qu'un mensonge pour me faire partir. Mais je ne pouvais pas m'y faire, ce n'était pas possible. La situation était à tel point paradoxale que mon état empirait de jour en jour, jusqu'à ce que je pense au suicide pour en finir une fois pour toutes avec tant de souffrance. Sans elle, je n'étais rien.

« Un soir, j'avais bu, j'avais avalé plein de cachets, et je me suis dit que le mieux, c'était de me jeter par la fenêtre. J'habitais un troisième étage assez élevé et je risquais, plutôt que de mourir, de rester estropié. Je savais que je courais ce risque. L'espace de temps que j'ai pris pour réfléchir, dans la confusion de l'alcool et des tranquillisants, m'a permis de prendre conscience que j'étais prêt à affronter les deux possibilités. Soit je mourais, soit je restais estropié et Brigitte ne pourrait plus se refuser à moi sous prétexte de m'être inférieure. Elle ne pourrait plus invoquer aucun argument valable. Je me suis donc jeté par la fenêtre, laissant mon sort entre les mains du destin.

« La chute fut terrible et très vite on me dit que je ne pourrais plus marcher. Qui plus est, mes capacités sexuelles étaient elles aussi anéanties par la paralysie. Je ne pourrais plus travailler pendant longtemps, tout au moins sans l'aide permanente d'un tiers. Je me suis dit, plein d'espoir, que ce mot "tiers", que les médecins avaient prononcé, pouvait cacher le nom merveilleux de Brigitte, qu'elle pourrait travailler avec moi et abandonner ainsi cette horrible crèche.

« J'ai donc fait appeler Brigitte par des amis qui lui ont annoncé mon malheur. Elle est venue à mon chevet tous les jours, comme une infirmière dévouée. Pendant les six mois qu'a duré l'hospitalisation, il ne s'est pas passé un jour sans qu'elle vienne me voir. L'hôpital était devenu pour moi le lieu le plus proche du paradis.

« Lorsque j'ai enfin pu regagner mon appartement, je lui ai demandé si elle voulait bien m'épouser. Je me souviens de la phrase que j'ai prononcée car j'y avais beaucoup réfléchi : "Maintenant, tu ne pourras pas me dire que je suis plus que toi car je suis un pauvre estropié. Maintenant c'est toi qui seras la puissante, c'est de toi que je dépendrai."

« C'était un moment de grande émotion, j'attendais sa réponse avec une anxiété extraordinaire. Brigitte me regarda avec un air de défi, un sourire presque moqueur, et me dit : "Tu crois que je vais faire l'infirmière toute la vie ? Tu crois que je vais accepter d'épouser un handicapé qui profitera de moi gratuitement ? Et en plus... tu crois que moi, je n'ai pas besoin d'un homme avec qui satisfaire mes besoins sexuels ?

Tu me trouves trop vieille pour ça ? Je crois que tu te trompes.”

« Son horrible cruauté n’avait pas été suffisante. Elle se mit en colère, elle avait l’air aussi indigné que si je lui avais proposé de se prostituer ou de vendre son âme au diable. Puis elle prit son téléphone portable et je l’ai entendue dire : “Viens, chéri, viens que je te présente mon ami Charles.” Moi, j’étais mi-effrayé, mi-incrédule. Quelques minutes plus tard, j’ai entendu la sonnette et puis j’ai vu entrer un bel homme, à peine plus âgé que moi et qui me regarda avec pitié. Elle me le présenta : “Voici Paolo, il est brésilien et danseur, on voulait te dire qu’on allait se marier la semaine prochaine. Bien évidemment, tu es le bienvenu au mariage.”

« Et puis ils sont sortis, laissant dans la pièce un parfum de carnaval. Depuis, je ne pense qu’à une seule chose : me suicider. Mais je n’y arrive pas tout seul. »

Analyse clinique

Voilà, quelle histoire incroyable, n’est-ce pas ? Il est clair que cette femme a marié comme une artiste la fureur perverse de l’amour avec celle du ressentiment de classe. Cette culture des banlieues dans laquelle elle baignait depuis sa tendre enfance lui a appris quelque chose : la haine des autres, des « possédants », des riches, dont ces gens font les boucs émissaires de leur malheur, au lieu de s'attaquer aux vraies causes, c'est-à-dire aux défaillances de l'autorité familiale qui est la seule clé de tous les problèmes sociaux d'aujourd'hui. Mais laissons cet aspect plus social du problème qui ne nous intéresse guère pour l'instant. Concentrons-nous sur les manipulations perverses de Brigitte et sur sa claire et précise volonté de destruction de ce pauvre Charles.

À la différence de l'affaire précédente, il ne s'agit pas du beau et attirant qui profite du laid mais, précisément, de l'inverse. Cela montre que la perversité est relationnelle, qu'on ne peut pas l'analyser indépendamment des conditions subjectives dans lesquelles elle se manifeste. Toute occasion est bonne pour exercer son pouvoir d'assujettissement et de destruction de l'autre, pour transformer les forces « objectives » des victimes en faiblesses, pour que ce soit, un peu comme au judo, avec leurs propres forces que les puissants soient vaincus. Dans le fond, Brigitte a trouvé en Charles un ennemi à abattre et elle ne s'est pas arrêtée avant de l'avoir effectivement abattu. Mais encore, comme dans le cas précédent, Brigitte était, avant de faire sa rencontre avec Charles, une honnête femme, un être qui, en dépit de son enfance difficile, avait toujours été gentil et généreux. Jamais auparavant elle n'avait tourmenté quelqu'un, car jamais elle n'avait été amoureuse.

Un autre aspect de ce type de perversité est la gratuité dans laquelle elle se développe et qui la rapproche de l'affaire précédente. Par les opérations diaboliques qu'ils réalisent, ces gens ne cherchent ni gain, ni intérêt économique, y compris lorsqu'ils sont complètement désargentés. Ils ne cherchent pas des satisfactions sexuelles, voire des formes de reconnaissance qui pourraient les faire sortir de leur misère. Si c'était le cas, tout cela serait beaucoup plus contrôlable, car la proie pourrait trouver des compromis, faire des marchandages qui puissent arranger les pervers. Au fond, ne disait-on pas dans le temps qu'il y avait des mariages d'intérêt ? Chacun y trouvait pourtant son compte. Mais les pervers cherchent des profits psychiques par le biais de la destruction de l'autre, c'est seulement cette destruction qui leur donne l'illusion d'être puissants. Aucun arrangement, aucun compromis ne semble possible dans ces conditions. Le pervers est velléitaire et arrogant. Il est capable d'allumer des cigarettes avec des billets de cinq cents euros, de jeter des diamants à la poubelle si ça lui sert à mener son horrible entreprise de destruction. Les pervers amoureux sont absolument intraitables car la destruction est leur passion et ils la communiquent à autrui, sous la forme d'une passion d'autodestruction.

Il m'a fallu beaucoup de temps pour faire comprendre à Charles l'opération que Brigitte avait réalisée contre lui. Car ce n'est pas lui qui s'est jeté par la fenêtre, c'est Brigitte qui l'a jeté. C'était sa manière à elle non seulement de le détruire, mais aussi de l'empêcher à l'avenir d'entamer une quelconque relation nouvelle. Charles, lui, était convaincu qu'il avait été le sujet de l'acte de se jeter par cette malheureuse fenêtre, et de surcroît qu'il était responsable de ne pas avoir su se faire aimer de sa bourrelle. Mon devoir de thérapeute était de le défaire de cette opinion fausse.

Si, dans un premier temps, Charles a connu une amélioration certaine, au point de chercher, avec deux autres de mes patients, à créer une association des victimes de l'amour, l'empreinte de Brigitte s'est avérée bien plus coriace que ce que j'aurais pu soupçonner. C'est ainsi que, à peine a-t-il réussi a prononcer la phrase : « Brigitte m'a jeté par la fenêtre, c'est elle qui m'a estropié », il a été pris, sans doute par culpabilité, dans un cheminement inverse. Il en vint, progressivement, à se convaincre non seulement qu'il était responsable de son malheur, mais encore qu'à travers ce geste c'était à elle qu'il avait voulu produire un dommage : il avait voulu détruire sa chose, sa propriété, ce corps qui n'était pas à lui, mais à sa bourrelle. Cela vous paraîtra peut-être étrange, mais le droit de l'Église justifiait l'interdiction pour les chrétiens de s'automutiler car les hommes ne sont que les usufruitiers de leurs corps, dont le nu-propriétaire est Dieu. Il est donc normal que l'obéissance extrême que produit l'amour fasse naître des croyances analogues.

Un jour il me dit : « Si je viens vous voir, ce n'est que pour me soulager de ma culpabilité, je suis un assassin, un misérable assassin qui implore le pardon. » Face à mon insistance pour qu'il se reprenne, pour qu'il comprenne une fois pour toutes la vérité, il sortit un petit revolver de son manteau et me menaça de mort si je continuais à le remonter contre Brigitte, à chercher à ce qu'il continue à produire des torts à cette pauvre innocente. Je n'ai eu d'autre alternative que de me rallier à son point de vue afin qu'il quitte le cabinet. En sortant, il menaça aussi Mme Deauville et tira une balle dans le plafond pour marquer sa supériorité.

Voilà donc l'autre issue qui s'ouvre aux proies lorsque les lois ne font pas ce qu'elles devraient faire. Elles peuvent s'en prendre à des tiers innocents afin de protéger leur bourreau de la vérité. Cela peut expliquer un grand nombre de meurtres, y compris ceux qui arrivent sans mobile ni raison apparente ou que l'on attribue, à tort, à la folie.

Le syndrome d'*Hiroshima mon amour*

Notre enfer amoureux actuel n'aurait jamais été possible sans la nouvelle place acquise par les femmes depuis quelques décennies. Voilà les êtres qui furent les plus exploités, les plus assujettis de l'histoire, semble-t-il, puisqu'elles n'avaient d'investissements forts qu'avec la famille, l'amour, les sentiments. On pensait, dans les années 1970 – je pensais cela tout au moins à l'époque –, que leur libération se passerait tout autrement. On avait imaginé que les femmes allaient prendre désormais la vie amoureuse d'une manière plus détachée, la détrônant du centre de leurs existences esclaves et misérables, que tout désormais s'ouvrait à elles.

Je dois avouer qu'aussi bien moi que les autres intellectuels sérieux de l'époque nous avions eu peur des effets de cela. On pensait qu'il n'y aurait plus des hommes et des femmes, que tout serait indifférencié et qu'on n'aurait plus personne pour s'occuper de l'éducation des enfants. Nous pensions que le confort doux dont elles assuraient le maintien disparaîtrait et qu'elles allaient devenir viriles et agressives. Mais voilà que c'est tout autre chose qui s'est passé. C'est l'empire du feuilleton colombien, du roman à l'eau de rose consommé par leurs mères et grands-mères pendant des siècles, qu'elles ont fait triompher dans les âmes de tous les citoyens au lieu de s'en débarrasser en elles. Ce sont leurs valeurs et leurs croyances qui se sont répandues à tout le monde sans exception. *Au lieu de se transformer en hommes comme on le craignait, elles ont transformé tout le monde en femmes.* Sauf que les larmes et les souffrances ne sont plus jouées par de mauvais comédiens, par les personnages de paille de ces romans stupides, par les héros qu'elles accrochaient sur les murs de leurs cuisines, mais par des êtres en chair et en os qui vivent désormais ces tragédies d'une manière bien réelle. Et puisque, entre-temps, nous avons perdu tout espoir, puisque nous sommes devenus un peuple sans projets et sans repères quoique incapables de s'y résigner, ce culte de l'amour est devenu l'emblème même d'une population qui n'attend désormais aucune transcendance. Elles ont emporté les hommes dans cette tragédie vulgaire qui a créé l'enfer dont nous héritons et qu'il faut aujourd'hui corriger.

Je me souviens clairement du début de cette culture de la sensiblerie à deux sous qui a préparé les masses aux pratiques actuelles. Je me souviens du jour où Marguerite Duras publia son inoubliable *Hiroshima mon amour*. Rappelez-vous, si vous en avez l'âge, le succès que remporta cet ouvrage, sans parler de celui du film qui fut tourné par la suite. Tous les prix lui furent décernés et on avait le sentiment qu'on aurait bien voulu en créer d'autres, exprès pour les lui donner, car aucun ne paraissait suffisant pour une œuvre si supérieure.... C'était la fin des années 1950, c'était le début de l'enfer et du consentement de la population à le vivre. Car, à l'époque, les élites avec leurs prix et leurs critiques cherchaient à éduquer une population qu'ils tenaient pour rustre et ignorante. Mais souvenons-nous de cette histoire ridicule, faisons un effort, car il est vrai que personne parmi les jeunes gens ne s'en souvient.

Une femme rencontre à Hiroshima un beau Japonais un peu sot qui avait lutté du côté des forces de l'Axe. Elle se rappelle, grâce aux questions insistantes et précises qu'il lui pose, un autre amour, celui qu'elle a vécu avec un Allemand pendant la guerre. Elle évoque surtout la mort de son héroïque soldat et l'humiliation qu'on lui a fait vivre à elle par la suite.

Le couple pleure tout au long du film en évoquant cette histoire, elle prend les Alliés et le monde entier pour des salauds qui n'avaient rien compris à sa petite vie misérable que Duras compare, jouant des « subtilités » les plus grossières, avec Hiroshima, ville coupable, ville innocente, injustement dévastée. Hiroshima, c'est la blessure visible, la grande plaie sanguinolente de ses souffrances, invisibles aux yeux de tous sauf du Japonais qu'elle ravit avec ses larmes. Car elle pleure, elle sait pleurer, cette héroïne, et elle fait pleurer son Socrate de Japonais. Elle a voulu nous montrer comment nous n'avions rien compris à la guerre en ne comprenant rien aux petits sentiments misérables des uns et des autres. De la même manière que les habitants d'Hiroshima avaient été injustement mutilés par la bombe mortifère du seul fait que leur gouvernement avait été l'allié de l'Axe, son cœur lui aussi avait été victime d'un saccage injuste. L'important était de dire que seul l'amour est souverain, le souverain le plus puissant de la planète car il est l'Authenticité, la Vérité des êtres, tandis que tout le reste, cette culture maladroite des mâles, n'est que fausseté et mensonge. Cette culture-là nous étouffait de ses masques, de ses faux-semblants, de son horrible Hypocrisie. Voilà l'attitude morale qu'il semblait urgent de combattre. Cette peste ignoble qu'est l'Hypocrisie, plus ignoble encore que la guerre elle-même, qui fait que les êtres gaspillent leur existence au lieu de vivre une « vraie vie ».

Lorsque l'on songe à ce que serait devenue cette larmoyante créature si elle était partie avec son soldat allemand, on peut imaginer, sans grande peine, les suites. Elle aurait vécu avec lui trois ans, et, avant qu'une minute de plus ne se soit écoulée, elle aurait cessé de l'aimer car son désir aurait succombé par l'usure aussi inéluctablement qu'Hiroshima sous les bombes. Elle aurait tout suite cru qu'elle s'était trompée, qu'il aurait mieux valu que le jeune Allemand soit tué par les Alliés, que cela lui aurait épargné du temps. Elle aurait surtout cru cela quelques secondes après être tombée amoureuse du prochain qui serait devenu à son tour sa Vérité, à la place de ce qu'elle appellerait désormais son porc nazi, si jamais le dernier élu de son cœur avait été un résistant ou un Juif. C'est comme cela qu'elle aurait vu les choses. Elle aurait écrit alors *Auschwitz mon amour* ou quelque chose de ce genre. Mais passons. Parce que, au fond, c'est Duras qui a triomphé, triomphé de tous, et désormais c'est notre société qui est devenue un véritable Hiroshima dévasté.

Le principal effet du syndrome d'Hiroshima a été la destruction de l'économie pulsionnelle de jadis, notamment celle qui organisait le mariage. Pour que le sentimentalisme et l'amour roi triomphent, il fallait sortir ce malin génie des carcans de cette institution, symbole même de l'hypocrisie bourgeoise. Ou, plutôt, ne pas tant en finir avec le mariage qu'avec sa forme et les pratiques qui lui étaient corrélatives, et qui étaient pourtant, il faut le dire, la meilleure condition pour favoriser l'émergence entre les couples de la *philia*. Il faut se souvenir comment jouaient les mécanismes de cette institution. La virginité faisait désirer le mariage. La nuit de noces était le moment où tous les fantasmes allaient être enfin réalisés. Le mariage était « désirable » dans le sens premier du terme. Et puis les enfants arrivaient, qui venaient compenser par les responsabilités qu'ils faisaient naître l'usure du désir, le transformant petit à petit en une douce amitié. Et si l'on pouvait entretenir des relations adultérines entre ce moment-là et la vieillesse, on savait que le destin de chacun était scellé à celui de l'autre, on distinguait le désir de paille et l'amour durable. Je dis « on savait ». En réalité, les gens, eux, ne savaient rien. C'étaient les institutions et la société qui savaient à leur place. Car lorsque l'on s'attend à ce que les gens pensent, sachent quoi que ce soit de ce qui leur arrive pour organiser leurs vies, on ne peut que tomber dans des enfers comme le nôtre.

Puis vint le jour où rien n'a semblé plus horrible que cette manière matrimoniale de gérer les sentiments. Le mariage est apparu comme l'institution qui organisait les mensonges, qui étouffait l'amour. Le type d'engagement qu'il impliquait est devenu l'ennemi même de ce sentiment océanique que tout un chacun s'est mis à attendre. Si l'on avait aboli le mariage d'une manière définitive, cela aurait été mieux que ce qui s'est passé. Car en saccageant le mariage à sa racine on en a fini avec tout espoir de rétablir une véritable institution pour nous protéger des ravages de l'amour. À sa place, on en a créé une autre qui, tout en en ayant gardé le nom, n'est plus une institution véritable car désormais on peut y entrer et en sortir plus ou moins comme on le veut, et, ce qui est pire, les seules contraintes qui restent sont souvent mises au service des perversions les plus ignobles.

Trois

Un après-midi d'hiver, une femme d'une trentaine d'années entre dans mon cabinet dans un état de grand énervement. Elle avait l'air des êtres persécutés par les ombres. Elle n'était pas complètement laide, mais son visage semblait porter les stigmates d'une visite dans les contrées les plus sombres de l'enfer. Malheureusement pour elle, Ingrid n'était pas quelqu'un susceptible de susciter la pitié. Elle dégageait une sorte d'assurance désagréable, ce qui rend, dans une certaine mesure, quelques-unes des affreuses manœuvres dont elle a été victime non pas excusables, certes, mais compréhensibles.

«Je me suis mariée à vingt ans à un homme très beau. Pourtant, je crois que je n'ai jamais été amoureuse de lui. Loin de là. À vrai dire, cette question d'être amoureux ne m'intéressait guère à l'époque parce que le désir, celui qui vous casse le dos, qui vous fait voler en éclats par les airs, ne m'avait jamais visitée pendant ma première jeunesse. Il faut dire que ma mère était à cet égard très sévère et m'a appris à craindre et à mépriser le sexe. Moi, j'étais très obéissante et je me suis fermée à toute tentation de la chair.

« Mes premières relations sexuelles, je les ai eues avec mon mari, avant même notre mariage, bien sûr, parce que je savais que c'était l'homme avec qui j'allais faire ma vie. Nous nous étions rencontrés pendant nos études de droit. On a fait assez vite un enfant, puis notre vie sexuelle est devenue très dure, parce qu'il ne voulait faire l'amour qu'une ou deux fois par mois maximum. Moi, j'y avais perdu goût petit à petit, et je n'avais même pas vingt-huit ans que ma vie sexuelle était finie. Mais j'avais d'autres compensations avec mon travail. J'avais réussi à entrer dans un gros cabinet international, j'avais beaucoup de responsabilités et un salaire très convenable. Mon mari, par contre, n'avait trouvé qu'un poste très mal payé dans une banque, ce qui le rendait très jaloux et dépressif.

« Un soir, alors que je préparais un dossier très important, un vendeur de livres juridiques est venu me proposer de m'abonner à une nouvelle revue de droit des affaires. Il n'était pas beau, mais à peine l'ai-je vu que j'ai senti une sorte de tremblement de terre dans mon corps. J'ai ressenti un désir si irrésistible que j'ai été sur le point de m'évanouir. Il l'a très bien compris. Il a fermé la porte et il m'a prise sur le bureau comme une bête assoiffée. Voilà que pour la première fois de ma vie j'ai eu un orgasme. Puis les choses se sont précipitées à une vitesse folle. Il m'a demandé tout de suite de quitter mon mari, ce que j'ai fait sans même réfléchir une seconde. Il m'a dit qu'il en ferait de même avec sa femme et ses deux enfants. Il m'a demandé qu'on s'installe à Lyon, où il avait la possibilité de trouver un nouvel emploi mieux payé. Je suis donc partie à Lyon. J'ai trouvé un emploi pas très intéressant dans un organisme public et je m'étais faite à l'idée que j'allais enfin mener une vraie vie de famille, que j'allais faire des enfants avec un homme que j'aimais, que ces vies de rêve n'allaient pas nécessairement n'arriver qu'aux autres.

« Un jour, un peu par hasard, j'ai découvert qu'il n'avait pas quitté sa femme. Loin de se sentir en faute après ma découverte, il m'a dit qu'il préférait que les choses restent ainsi parce que c'était trop dur autrement. Il habitait la moitié de la semaine avec moi à Lyon et l'autre avec sa femme, au Havre. Mais je ne pouvais lui refuser quoi que ce soit, je ne pouvais pas, parce que j'aurais tout accepté de lui. (Pleurs.)

« Quelques semaines après cette décision difficile, il m'a demandé de m'occuper de son fils de quatorze ans, fruit de son premier mariage avec une femme qui habitait à l'étranger. L'enfant avait pas mal de problèmes et il avait besoin de moi, disait-il. En effet, cet enfant a commencé à voler mon argent, à se servir de ma carte de crédit, à ouvrir mon courrier. Jacques ne trouvait dans la situation rien de scandaleux, bien au contraire. Il me demandait de comprendre son fils, qui avait des problèmes. Quelques mois plus tard, je me suis retrouvée à partager mon compte bancaire avec Jacques et mon salaire disparaissait à une vitesse éclair. Vers le 10 de chaque mois, il n'y avait plus rien, et je devais puiser à chaque fois dans mes économies. Mais, moi, je me disais qu'il devait en avoir besoin, que les choses s'arrangeraient, et puis, après tout, j'étais prête à tout pour être avec lui, dans son lit et en dehors aussi.

« Les choses ont commencé à s'obscurcir le jour où il m'a demandé si je voulais bien coucher avec son fils. Il me disait que l'enfant était très timide, qu'il n'arrivait pas à affronter une fille, que si, moi, je lui apprenais, il allait se sentir plus sûr de lui. J'ai été horrifiée par cette proposition, mais nous n'avons pas vraiment pris le temps d'en parler car j'avais tellement peur que mon refus le fâche, qu'il me quitte immédiatement, déçu par mes préjugés et mon égoïsme, que j'ai couché avec l'enfant presque aussitôt. Je lui ai téléphoné immédiatement pour lui raconter. Jacques était ravi de la nouvelle, il a téléphoné à son fils pour le féliciter et nous a promis de revenir à Lyon plus tôt que prévu.

Mais pendant que je l'attendais l'enfant m'assaillait et voulait coucher avec moi tout le temps. Quand Jacques est arrivé, je me suis sentie soulagée. Je lui ai tout raconté et il m'a dit que c'était normal, que je ne pouvais pas m'attendre à coucher avec son fils juste une fois. Cette fois-ci je me suis opposée d'une façon assez ferme et il ne fut plus question d'"initiation sexuelle". Mais Jacques a commencé à me faire des suggestions de plus en plus déplacées. Il voulait qu'on fasse une petite fête avec des amis à lui. Je craignais quelque chose mais pas exactement ce qui s'est passé.

« Un soir, quatre de ses amis sont venus et il était question que chacun d'entre eux couche avec moi. Je me suis laissé faire juste pour satisfaire Jacques mais, quand tout a été terminé, chacun l'a payé pour mes "services", ce qui m'a mise dans un état d'horreur et de rage. De surcroît, il avait tout un planning de "fêtes" pour les semaines à venir, aussi bien à Lyon que dans trois ou quatre autres villes de France. Il me disait qu'il avait beaucoup de cadeaux à acheter à son épouse et à ses enfants pour compenser le fait qu'il passait trop de temps avec moi à Lyon. J'ai refusé et me suis enfin décidée à le quitter. Mais il m'a alors menacée de me dénoncer à la police pour atteinte sexuelle sur mineur de moins de quinze ans par ascendant ou personne ayant autorité. Je risquais plusieurs années de prison. J'ai eu très peur et j'ai accepté encore de me laisser faire quelquefois pour qu'il empoche cet argent qu'on lui donnait. Lorsque ces soirées ont commencé à devenir de plus en plus régulières, en plus du tarif qu'on lui payait directement, il mettait un chapeau par terre, comme les musiciens de rue, afin que ses connaissances déposent un pourboire "pour améliorer la toilette d'Ingrid", disait-il. Lorsque nous partions et qu'il comptait la somme, il me disait que je n'étais pas assez "bonne", raison pour laquelle ses amis n'avaient pas été généreux. Bien évidemment, je n'ai jamais touché un centime de cet argent, tant il me salissait. (Pleurs.) Un jour, j'ai compris par hasard qu'il n'avait jamais empoché cet argent, mais qu'il le rendait à ses connaissances. Il s'agissait juste d'une mise en scène macabre pour m'humilier. Et j'ai aussi compris pourquoi : ce faisant, il était absolument irréprochable du point de vue juridique, car autrement j'aurais pu porter plainte pour proxénétisme, ce qu'il savait fort bien.

« Dès qu'il a compris que je savais que tout cela était une mise en scène, il s'est arrêté. Puis il est parti et n'est jamais revenu. Son fils est parti quelques semaines après, sans même me dire au revoir. Malheureusement j'ai eu de ses nouvelles par un biais tout à fait inattendu. La mère de l'enfant a porté plainte contre moi pour avoir abusé de son fils, il y a eu un procès mais, heureusement, on a eu pitié de moi, j'ai eu une peine assez légère, en dépit du fait que Jacques ait témoigné contre moi. Il a dit à la police et aux juges qu'il n'était au courant de rien, qu'il me faisait confiance quant à la bonne éducation que je donnais à son enfant pendant ses absences.

« Depuis le procès, on m'a enlevé la garde de ma fille et ma famille refuse de me voir. Tout le monde me prend pour une pédophile et, lorsque les voisins me voient passer, ils cachent leurs enfants comme si j'étais Gilles de Rais. On m'a même soumise à un traitement psychologique pour criminels sexuels, que je suis obligée de suivre sous peine d'aller en prison de nouveau. J'ai fait deux tentatives de suicide et je n'arrive pas à oublier Jacques. Voilà ce qui pour moi est le pire dans cette histoire. »

Analyse clinique

Voilà donc la typologie de ce pervers qui fait de la destruction sexuelle de sa victime son but et sa fin. Au XIXe siècle, le grand sexologue Richard von Krafft-Ebing avait repéré ce type d'assujettissement qu'il attribuait à la puissance que donnait au souteneur le fait d'avoir fait jouir sa victime[1]. Celle-ci est « cassée » car vaincue par sa propre jouissance. Mais, à la différence de la soumission

1. Voir à ce sujet Tobie Nathan, *Le Sperme du diable : éléments d'ethnopsychothérapie*, Paris, PUF, 1988.

de la prostituée victorienne, celle d'Ingrid vise à tirer des profits non pas économiques mais purement narcissiques. Cela est le propre d'une société qui n'admet la différence ni des sexes, ni des âges, ni des classes et où tout un chacun est censé être l'égal de l'autre dans un magma indifférencié. *Car il ne faut pas oublier que, dans une société sans repères comme la nôtre, les individus cherchent soit à devenir la Loi de l'Autre, soit à s'assujettir à cette Loi-là. La perversion amoureuse ne peut pas être comprise que comme réponse à ce que la société ne sait pas donner aux individus, c'est-à-dire une structure d'autorité saine.*

Mais, puisque la puissance de Jacques sur Ingrid était sexuelle, il a voulu la faire échouer par le Sexe, montrant à tout le monde à quel point cette femme était une sorte de malade capable de s'en prendre même aux enfants. Le discours d'Ingrid était comme celui des autres patients, plein de culpabilité, mais pas du tout à cause de l'acte que Jacques lui a fait commettre avec son fils ou ses amis. Elle était convaincue qu'elle était encore débitrice de Jacques, qu'aucun prix n'était assez élevé pour payer la jouissance qu'il lui donnait lorsqu'ils entretenaient des relations sexuelles normales. Et cela alors même que ce qu'il lui a fait faire avec ses amis et son fils lui répugnait, au point qu'il lui est arrivé certaines fois de vomir dans mon cabinet en évoquant certaines scènes. Car, si dégoûtée fût-elle, elle n'en pensait pas moins que c'était un prix de misère, qu'elle aurait pu même tuer pour une nuit d'amour avec lui. Ainsi, paradoxalement, elle pensait que c'était elle qui payait pour les services de Jacques et qu'elle le payait fort mal. Les clés qui permettent d'ouvrir les portes du paradis peuvent-elles avoir un quelconque prix terrestre ? Jacques jouait ainsi à être un saint Pierre produisant sciemment chez sa proie une empreinte proche de celle que présentent ceux qui sont dépendants des drogues dures. Sauf que, dans ce cas de figure, c'est un être humain en chair et en os qui devient la drogue et l'on est même prêt à l'overdose pour ne pas perdre la chance de profiter ne serait-ce que d'une petite dose. D'ailleurs, des études déjà anciennes ont montré que les sensations océaniques produites par la sexualité découplée par l'amour ont des effets très proches du point de vue chimique de ceux que produisent les drogues.

Épilogue

Après quelques mois de thérapie, Ingrid s'est plus ou moins rétablie. Elle a recommencé à travailler comme conseillère juridique dans une banque, sa famille a accepté de lui laisser voir de temps en temps sa petite fille et elle a même entamé une liaison avec un de ses collègues de travail. Mais cet horrible Jacques a continué à la persécuter dans ses rêves. Un jour, elle m'a raconté qu'elle s'était réveillée en sueur dans une sorte d'excitation furieuse. Elle avait rêvé qu'elle était nue au milieu d'une centaine d'hommes qui la possédaient l'un derrière l'autre tandis que Jacques faisait passer son chapeau. Un autre jour, elle a rêvé que son bourreau la faisait se prostituer sur le trottoir près de la maison qu'elle habitait lorsqu'elle était enfant. Puis ses rêves devinrent de plus en plus inquiétants : elle était une sorte de prostituée religieuse dans une tribu primitive avec qui les jeunes garçons devaient s'initier dans un temple bâti en hommage à un dieu qui avait la même tête que Jacques. Elle pleurait après chacune de ces nuits cauchemardesques et me racontait ces scènes avec une répugnance très vive. Nous avons tenté de déblayer le chemin en lui montrant qu'elle était toujours sous l'emprise de Jacques, qui gouvernait même son inconscient, la poussant à faire des rêves dans lesquels elle devait toujours s'humilier. Elle avait intériorisé les intentions malveillantes de Jacques et ne faisait que lui obéir. Mais l'emprise de Jacques fut plus forte qu'elle. Au bout de quelque temps elle quitta son nouveau compagnon pour partir avec une sorte de camionneur qui l'a soumise à son tour à une terrible emprise sexuelle, mais elle refusa de s'en rendre compte. Elle quitta bientôt la thérapie et je n'ai plus jamais eu de ses nouvelles.

Voici donc la troisième issue que peut emprunter l'appareil psychique saccagé d'une proie : elle peut chercher à se retrouver dans une situation identique, et se doter d'un nouveau bourreau.

Le pain et le cirque

L'inconscience des pouvoirs publics à l'égard de l'amour est manifeste et scandaleuse. Au lieu d'affirmer son autorité, au lieu de tenter de résister à l'empire de la marchandise, l'État s'est comporté en père laxiste. Nos gouvernants ont pensé que, pour qu'on continue à faire des enfants, pour être moins « paumés », pour ne pas devenir des dangers sociaux dans notre immense solitude, il fallait pousser tout le monde à se livrer à la passion amoureuse. Sans le savoir ou en le sachant – qui peut le dire, au fond ? –, l'État s'est rendu complice du Marché, se transformant en une sorte de délégué docile de ses intérêts. Qui plus est, cet État a cru bien faire en décrétant que toute forme d'amour consentie était bonne, autorisant ainsi ceux qui ne veulent plus de leur proie à s'en débarrasser à moindres frais. On a même ouvert la possibilité de porter plainte au pénal quand l'amoureux licencié n'accepte pas la situation (harcèlement sexuel). C'est lui ou elle qu'on accuse de nuisance sans jamais s'interroger sur les causes qui le poussent à agir ainsi.

Les pouvoirs publics, disais-je, nous font consommer de l'amour comme le « soma » dans *Le Meilleur des mondes* d'Aldous Huxley. Souvenons-nous que ce médicament miracle permettait de combler les écarts d'un monde ordonné d'une manière démentielle. Pour ne pas essayer de le transformer, on dissolvait les malheurs grâce au soma et tout le monde restait satisfait. Pour que l'amour fonctionne comme le soma, il a fallu promouvoir un véritable mythe amoureux.

Chaque amour échoué devait apparaître comme une erreur. L'autre moitié de nous-mêmes était censée respirer, son cœur battre quelque part dans ce bas monde en nous attendant ; ce serait l'être qui nous produirait jusqu'à la mort les mêmes frémissements des premiers jours. Un bon Dieu l'aurait créé pour vous, en même temps que vous, et vous le reconnaîtriez dès la première rencontre. Chaque échec devait être interprété comme un mirage qui nous aurait fait croire qu'il s'agissait de l'heureux ou de l'heureuse élue. Mais cet accident ne devait pas nous faire perdre la foi, car le but de notre vie, la seule chose qui vaille vraiment la peine de la vivre, est de le retrouver. Cela justifie les amours multiples, les coups de foudre qui, autrement, nous sembleraient des actes d'irresponsabilité. Tandis que si vous croyez au mythe platonicien de l'autre moitié créée exprès pour vous, vous aurez l'illusion que vous vous êtes trompé, qu'il faut continuer à chercher, que votre quête effrénée vaut bien la chandelle.

On a voulu nous faire croire, en outre, que la tonitruante révolution des mœurs n'était pas une rupture radicale avec la situation précédente, une nouvelle politique de la gestion du désir, mais plutôt une rectification. Le vieux carcan du mariage empêchait l'amour de se réaliser et de s'épanouir. On nous a dit que jadis ce merveilleux démon était emprisonné, qu'il n'était que le privilège de quelques chanceux. Dorénavant, appliquant cet idéal démocratique selon lequel les bonnes choses doivent profiter à tout le monde, notre société le reconnaît comme le centre et le fondement de toutes les existences, de toutes les trajectoires biographiques.

Pour mener à terme cette entreprise, il a fallu libéraliser dans une certaine mesure les pulsions sexuelles et faire en sorte que celles-ci ne soient que des moyens de l'amour. Le sexe sans amour est devenu la cible à abattre et tout le monde s'accorde désormais à penser qu'il s'agit d'une humiliation, d'une exploitation, d'une réification de l'autre. Lorsque je vois mes patients malades d'amour, il semble difficile de penser que l'on puisse être plus humilié, plus rabaissé, plus réifié, plus dominé. Dans le sexe anonyme, solitaire ou commercial, on ne fait, au moins, de mal à personne. Les pouvoirs publics et leurs prêtres se gardent bien de dire cela, même si chacun le sait parfaitement. On veut que les gens soient victimes de passions autrement plus dévorantes et plus violentes que celles que donne le sexe. Les pouvoirs publics savent bien que l'attirance purement sexuelle crée des liens superficiels et joyeux, que l'on sait ce que l'on donne et ce que l'on obtient dans ce type d'échange, *que l'on n'a jamais l'illusion grandiloquente et ridicule de vivre une scène divine, d'être un individu unique dans une relation unique*. Ils savent bien que, du sexe débarrassé de toute sensiblerie amoureuse, ils ne pourront pas faire grand-chose. Il leur faut de l'amour pour garantir notre obéissance aux Lois du Marché. On veut que nous soyons endormis pour ne pas remettre en question ce monde, que nous somnolions stupidement en frissonnant de désir et de rêves, que nous nous soumettions comme nous le faisons en amour à toutes les autres oppressions et humiliations que nous vivons.

Mais sans doute ceux qui tirent les véritables profits de l'amour, ce sont les forces du capitalisme mondialisé. Les grandes entreprises, les banques, l'industrie du cinéma. Quelqu'un qui est amoureux, on le sait, est stupidement satisfait, il sourit à la vie, il accepte tout, il est capable de n'importe quel sacrifice et du plus grand oubli de soi même. Lorsqu'on n'est plus dans cet état, son souvenir ou son rêve nous font attendre, nous donnent de l'espoir : « Cela nous arrivera forcément un jour. » Voilà la petite phrase qui bourdonne à nos oreilles comme la promesse qui nous fait tenir, tenir et obéir.

Les forces du Capitalisme Mondialisé font tout un baratin pour nous vendre des crédits à la consommation et au logement, des films absurdes où seul Lui triomphe de tout, comme par miracle, pour nous faire croire qu'il nous arrivera la même histoire qu'aux protagonistes, lesquels sont parfois gros, moches, pauvres ou idiots mais qui finissent eux aussi par aimer et être aimés d'un être d'exception. Amours modestes, amours royales, amours fatales ou seulement accidentelles, il y a de la place pour toutes.

Le cinéma et surtout la télévision, à une plus grande échelle, sont les outils de propagande les plus efficaces pour nous convaincre et nous faire croire. On pourrait même penser que c'est dans le langage cinématographique que l'on apprend aux gens à vivre leurs expériences amoureuses. Et tout cela pour mieux vendre leurs produits mais surtout pour créer l'obéissance et la foi avec lesquelles on achètera tous les autres. Car la publicité est elle-même un énorme champ qui exploite aussi bien l'amour que la préparation à l'amour. On nous vend des voitures en nous faisant croire que nous pourrons par ce biais séduire une femme unique, qu'en achetant tel mascara nous serons en mesure de capturer comme dans une toile d'araignée l'homme auquel on rêve.

La dernière invention ou plutôt la dernière expansion de l'amour s'opère dans le domaine des âges. Depuis quelque temps, il ne manque pas d'illuminés qui cherchent à ce que les vieux tombent eux aussi amoureux. Auparavant, eux, au moins, on les laissait tranquilles. On était plus ou moins résigné au fait que l'amour était en gros une affaire de jeunesse. Aujourd'hui, on fait de véritables campagnes pour faire croire aux personnes âgées qu'elles aussi pourraient y arriver. On a vu depuis se produire des phénomènes assez extraordinaires – suicides, souffrances inouïes, voire meurtres – dans les institutions gériatriques et en dehors, les protagonistes ayant parfois dépassé les quatre-vingts ans[1].

1. Voir à ce sujet le livre formidable de Marie-Hélène Subiran, *Amours grises, Douleurs noires*, Paris, Éditions de toutes les perplexités, 1999, pp. 235-290.

Quatre

Un homme d'âge indéterminé entra dans mon cabinet, le visage déformé par le feu. Ses traits semblaient enveloppés d'un mince tissu de chair, comme s'il avait enfilé un bas pour cambrioler un appartement. Mais il était si divinement élégant dans ses manières que l'on en oubliait immédiatement l'état catastrophique de son visage. Il avait l'air triste au point que je n'ai pu m'empêcher de lui proposer des bonbons – ce que, par une question d'éthique thérapeutique, je ne fais jamais –, pour lui apporter ne serait-ce qu'une petite joie gustative. Mais il a refusé avec un certain agacement comme si c'était la volupté même de la vie qu'il rejetait, croyant qu'il ne la méritait point.

«Je suis né riche, dans une famille cultivée et aimante. J'ai toujours tout eu et cela a fait naître en moi, depuis mon enfance, une générosité liée à la culpabilité d'être aussi nanti dans un monde où il y a tant de gens qui souffrent.

« Au moment de finir ma longue et brillante scolarité, une tante paternelle est morte sans enfants et me laissa la totalité de son énorme héritage, ce qui m'a permis de ne pas travailler et de voyager un peu partout dans le monde.

« C'est lors de l'un de ces voyages que j'ai rencontré Zi-Lan – que veut dire en chinois "enfant d'orchidée" –, une jeune Chinoise qui mendiait dans les rues de Hong Kong. En vérité, c'est mon appareil photo qui l'a découverte avant mes propres yeux et c'est en développant mes clichés que j'ai vu ce visage dont la beauté était encore plus rare que celle de tous les secrets enfouis de la Chine.

« Je suis allé la chercher et je l'ai convaincue de me suivre. Elle avait à peine seize ans, ses parents étaient morts quelques années auparavant, une méchante tante s'était occupée d'elle jusqu'à ce qu'elle décide de prendre la fuite et qu'elle se retrouve à mendier son pain dans les rues.

« Je suis tombé fou amoureux, d'une manière implacable et immédiate, je le croyais tout du moins. Il faut dire que jusqu'alors mes relations amoureuses avaient été assez tristes. Je me sentais coupable chaque fois que je touchais une femme car je connaissais la situation de domination sexuelle, économique, sociale et familiale dans laquelle ces misérables se trouvent. Je les choisissais par ailleurs très peu intéressées par les questions sexuelles car il me semblait que c'était une manière de moins profiter d'elles. Mais avec Zi-Lan je n'ai rien pu contrôler parce qu'elle se livrait à l'amour physique avec une passion si débordante que toutes mes inhibitions tombèrent. Mais, avec le temps, plus elle me donnait et plus je trouvais que je profitais d'elle...

« Je lui ai proposé de l'accueillir dans la chambre d'un hôtel de luxe dans lequel je me trouvais. Non pas la même chambre, cependant, mais une autre, parce que je voulais qu'elle se sente libre. J'ai payé d'avance une année d'hôtel et je lui ai donné suffisamment d'argent pour qu'elle se sente maîtresse de ses mouvements. Je voulais lui faire comprendre qu'elle pouvait me rejeter si elle en avait envie et que cela ne lui coûterait absolument rien.

« Je n'osais pas raconter cette histoire à mes amis car je me sentais coupable de profiter de tant de beauté et de tant de fragilité. Je me disais toujours que même si elle me trouvait répugnant elle ne pourrait pas me jeter à cause de tout ce que je le lui donnais.

« C'est pour cela que je voulais qu'elle ait une marge d'autonomie. Je me disais aussi que le sort de chacun est si capricieux : pourquoi moi étais-je né riche et elle si misérable ? Pourquoi le destin nous avait-il touchés si différemment ? Pourquoi étais-je né fils de colons et elle fille de colonisés ? Je me sentais prêt à compenser cette injustice, car l'amour nous avait mis sur un faux pied d'égalité dans la mesure où nos situations respectives n'étaient pas les mêmes.

« Je ne cessais de lui expliquer tout cela, de lui dire qu'il fallait qu'elle me dise ce qu'elle voulait, ainsi que ce qui n'allait pas, car en aucune circonstance nos différences ne devaient être pour elle un prétexte à se taire. Très vite, elle m'a pris au mot et n'a plus cessé d'acheter tout ce qu'elle voulait, se transformant, en l'espace de quelques semaines, en une véritable princesse. Qui plus est, elle commença à maudire les pauvres et leurs "saletés", prétendant que, en vérité, elle n'était pas née dans une famille quelconque, mais qu'elle était la descendante d'une dynastie ancienne tombée en disgrâce lors de la révolution chinoise. C'est de cette époque qu'était née en elle la terrible manie de chercher à se raccourcir les pieds avec des chaussures en acier qui la faisaient sangloter.

« Environ trois années après le début de notre relation, mon amour s'est mis à diminuer. À vrai dire, on ne sait pas pourquoi ces phénomènes ont lieu, comment une passion si vive et si absolue peut s'effriter comme si elle n'avait jamais existé. Mais plus il en allait ainsi, plus je me sentais attaché à elle, car je me disais que j'avais tiré profit de sa faiblesse. Une fois l'exploitation de son corps terminée, je voulais désormais la quitter, retourner en France et oublier cet épisode ancillaire.

« Je ne sais pas si elle a ressenti les choses comme ça, mais, au moment même où je n'en pouvais plus d'elle et de la Chine, je me suis senti obligé de lui demander de me suivre en France. Je comptais sur son intuition et sa sensibilité pour qu'elle comprenne que je ne l'aimais plus ainsi que les raisons de ma fausse demande. Si les choses s'étaient passées comme je l'attendais, je lui aurais laissé une très importante somme d'argent, une grande maison à Hong Kong, et j'aurais été content de l'avoir tout au moins aidée à s'en sortir et à mener la vie dont elle rêvait. Je lui ai dit cela très clairement : "Si tu ne veux pas venir avec moi, c'est ton droit, et je te donnerai tout ce que tu voudras." Mais elle m'a dit qu'elle serait ravie de venir avec moi à Paris.

« Puisque je suis opposé au mariage, que je considère comme une institution d'oppression des femmes, je n'ai pas voulu l'épouser. En échange, j'ai fait un testament en sa faveur, lui léguant la totalité de ma fortune. Mais, dès que nous nous sommes installés à Paris, Zi-Lan a cessé de consentir à entretenir des rapports sexuels avec moi. Elle me disait qu'elle avait décidé de devenir chaste afin de récupérer l'énergie vitale que son injuste vie lui avait arrachée. Ma situation devint très difficile, car non seulement je ne l'aimais pas, mais de surcroît je ne pouvais pas non plus assouvir mes désirs ni me plaindre auprès d'elle de quoi que ce soit puisque c'est moi qui lui avais toujours dit de faire comme elle l'entendait. Mais le pire était que Zi-Lan ne montrait d'intérêt pour rien d'autre que la mode, son faux passé doré et ses idées d'extrême droite. Elle admirait follement Hitler dont elle avait même un portrait dans son portefeuille. Elle considérait que les Noirs étaient proches des singes et que les Juifs étaient organisés en un lobby international. Elle a même acheté chez un bouquiniste le *Protocole des sages de Sion*, tout en sachant que moi j'étais juif. Elle voulait parfois me faire avouer que je faisais partie du complot, elle contrôlait mon agenda et écoutait mes conversations téléphoniques. Mais je la comprenais, car elle avait été trop malheureuse tandis que, pour moi, nanti, il était facile d'être généreux, cultivé et de gauche. Il s'agit de privilèges de riches et on ne peut demander aux opprimés d'avoir la même lucidité.

« Quelques années plus tard, las d'une vie triste et pétrie de culpabilité, j'ai rencontré une femme avec qui j'ai souhaité entretenir une relation à la fois sexuelle et amicale, deux choses désormais impossibles avec Zi-Lan. Je ne comptais plus sur l'amour, car à ce sentiment océanique j'avais renoncé à jamais depuis que mon amour pour Zi-Lan était mort. Je ne me serais jamais permis de lui faire une chose comme ça qui l'aurait trop humiliée. Jamais je n'avais été pris d'une estime et d'une admiration aussi fortes auprès d'une femme. Je me disais que tout ce qui m'était arrivé jusqu'à présent était le prix à payer pour une relation si parfaite. Non pas que je mourais de désir pour elle, comme cela avait été le cas avec Zi-Lan. Cet aspect des choses n'occupait pas le premier plan. Il était pour moi impossible de séparer chez elle le désir que j'éprouvais pour son corps de son intelligence et de sa sensibilité impérieuses. (Larmes.) C'était comme si on avait fabriqué nos âmes l'une pour l'autre et, qui plus est, son intelligence savait calmer en moi tout sentiment de culpabilité. Avec elle je croyais qu'enfin j'avais été pardonné, que je n'étais pas responsable du malheur du monde.

« Je craignais d'en parler à Zi-Lan mais, dans le même temps, je me sentais obligé de le faire. Quand je lui ai avoué ma terrible trahison, elle a fait semblant de prendre cela normalement. J'étais ravi et si fier de Zi-Lan, elle me semblait la femme la plus formidable du monde. Mais très rapidement elle a fait une petite grimace de peur et s'est mise à sangloter très doucement, comme lorsqu'elle se mettait des chaussures trop petites pour se raccourcir les pieds. J'ai essayé de la rassurer par tous les moyens. Je lui ai dit que la seule femme de ma vie ce serait elle, et que je ne verrais Marthe que très rarement. Mais lorsqu'elle devina chez moi une volonté ferme, elle s'est mise à me faire les pires reproches, à me dire que j'étais un hypocrite et un menteur, que j'avais profité d'elle et que maintenant je la jetais, ou bien que tout cela était un prétexte pour l'exploiter sexuellement puisqu'elle avait décidé de cesser nos rapports sexuels.

« Comme vous pouvez l'imaginer, ces seules phrases m'ont terrifié. Elle prononçait ce que j'avais toujours cherché à fuir, et j'ai eu le sentiment d'être le protagoniste du plus noir des cauchemars. C'est parce que j'avais cherché à le fuir que je le vivais et j'ai immédiatement vu les signes de la plus néfaste des tragédies. Je n'ai pu donc que mettre fin tout de suite à mes relations avec Marthe. Mais ma souffrance a été si énorme que je me suis mis à boire d'une manière compulsive. (Larmes.)

« Pourtant, le pire était à venir car, me voyant si mal pendant de longs mois, Zi-Lan me dit un jour que cela montrait que je ne l'aimais guère, que jamais je n'aurais été si malheureux si c'était d'elle que j'avais été contraint de me séparer.

« Là, mon désespoir arriva à son paroxysme parce que c'était ma peine elle-même qu'elle ne m'autorisait pas à vivre. La culpabilité s'empara de moi comme jamais auparavant et il a fallu que je puisse créer une situation suffisamment malheureuse afin d'être triste sans pour autant l'attribuer à la peine que me produisait la perte de Marthe.

« Un soir que j'avais beaucoup bu et que Zi-Lan était partie en voyage, j'ai mis le feu chez moi et j'ai failli mourir asphyxié. Les marques qui sont restées sur mon visage sont dues à cet affreux incident. Désormais, j'étais certain que rien n'allait faire que je m'éloigne de Zi-Lan, personne ne voudrait d'un homme défiguré, si riche et cultivé fût-il. En même temps, j'ai eu un bon prétexte pour être triste sans que cela la rende jalouse.

« Nous nous sommes mariés quelques mois plus tard et je craignais encore de me sentir trop mal d'être vu comme un vieux riche handicapé avec une belle et jeune femme asiatique par les gens qui allaient nous marier. Mais c'était en nous mariant que je pouvais lui céder l'ensemble de mes biens à ma mort grâce au régime de la communauté universelle et que je pouvais être sûr que ma famille, notamment mes parents, qui l'avaient toujours rejetée, n'aurait rien. C'est de cette façon que je me consolais de ma honte. Car le testament que je lui avais fait n'était pas suffisant, ni pour écarter entièrement mes parents, ni pour rassurer Zi-Lan. Un testament, me disais-je, était révocable, ce qui m'angoissait terriblement, non pas parce que j'étais tenté de le faire, mais parce que Zi-Lan aurait pu le craindre.

« Mais quelques semaines après notre mariage, le malheur a voulu que je fasse la découverte affreuse qui a scellé mon destin.

Cherchant un jeu de clés dans sa table de nuit, rien de plus, j'ai découvert un petit cahier rouge. Ce n'était pas que je voulais lire quoi que ce soit d'elle sans son autorisation, mais ce document était exhibé d'une manière si ouverte qu'on aurait pu croire que Zi-Lan avait cherché à ce qu'il tombe sous mes yeux. C'était une sorte de journal dans lequel elle racontait sa relation déjà ancienne avec un certain Jean-Pierre. Elle avait écrit que c'était dommage que je ne sois pas mort dans l'incendie, qu'elle aurait pu profiter de tout avec lui et, surtout, s'enlever ce "boulet de sa vie" qui l'"empêchait de vivre" depuis qu'elle avait seize ans, qui l'avait "violée" durant des années, et des choses de ce genre. Elle espérait que ma vie ne fût pas trop longue après l'accident, ajoutant que le mariage avec moi avait été la bonne solution pour résoudre "toutes les questions économiques du futur". Elle disait, en outre, qu'elle pourrait même faire des dons à un groupuscule nazi nommé la Nouvelle Aurore, auquel appartenait son amoureux, ajoutant avec ironie que l'argent d'un Juif imbécile comme moi pouvait servir pour faire triompher ces idées "nouvelles" que les "élites compromises" cherchaient à cacher au peuple.

« Mais, pour moi, tout était terminé de toute façon, je ne pouvais pas faire marche arrière. Je me suis dit que me suicider serait une bonne chose pour elle et pour moi, mais je n'arrive pas à le faire, ne serait-ce que pour lui faire plaisir. »

Analyse clinico-politique

Voilà donc une histoire bien extravagante, qui montre le fonctionnement adapté, si j'ose dire, de la perversion amoureuse. Parfois ces esprits malveillants n'ont pas besoin de faire grand-chose pour produire leurs effets destructeurs. Il suffit de rencontrer une âme fragile comme celle de Maurice G. pour que les mécanismes à l'œuvre soient eux aussi beaucoup moins bruyants. Car il faut dire que, si la prédatrice a fait en sorte que Maurice ne soit plus amoureux d'elle (en apparence tout au moins, car cela est au fond bien difficile à établir), c'est parce qu'elle avait compris que ce n'était point nécessaire pour le manipuler et le détruire. Au fond, c'était beaucoup moins coûteux ainsi pour elle que le fait que le pauvre Maurice fasse devant elle les grimaces de l'amour. Elle avait surtout compris que le fait qu'il ne ressente plus dans sa conscience le poison de l'amour allait être pour elle bien plus profitable du point de vue de la culpabilité de sa proie. Ce faisant, elle restait, en outre, bien plus libre de ses mouvements. De surcroît, plus elle se montrait discrète dans ses manipulations, plus elles étaient efficaces. Cette

Chinoise bien maligne n'a sans doute pas agi par pur intérêt, si j'ose dire. Parce qu'elle aurait pu se contenter de demander de l'argent à Maurice et le laisser tranquille. Elle voulait, au contraire, qu'il paie, qu'il lui soit assujetti pour toujours afin d'en faire ce qu'elle voulait lorsqu'elle le voulait. Avec ce cahier qu'elle avait mis sur son chemin pour être lu, bien évidemment, elle lui demandait, en outre, carrément de disparaître et sans ma thérapie il l'aurait sans doute fait, comme il le dit lui-même.

Mais je dois vous avouer dans cette affaire un retentissant échec de ma part. Non pas que le traitement n'ait pas été efficace, mais il n'a pas duré assez longtemps pour que Maurice puisse élaborer correctement son histoire. Alors que je lui faisais comprendre l'horrible manipulation dont il avait été victime pendant quinze années, je n'ai pas su contrôler le passage toujours bien délicat de la culpabilité à la haine, et il a fini par assassiner Zi-Lan de cinquante coups de couteau. Puis il est allé se livrer à la police et il a donné mes coordonnées pour que j'explique ce qui s'était passé. J'ai alors développé la théorie selon laquelle Maurice avait agi en légitime défense, mais personne n'a voulu entendre mes arguments parce que notre justice est encore pétrie de préjugés et qu'elle se vante d'ignorer les méandres des réalités psychiques. J'ai essayé de faire comprendre que Maurice n'était pas un criminel mais la victime d'une réalité sociale qui l'a mené au meurtre, que s'il y avait eu des punitions publiques à l'encontre de personnes malveillantes et manipulatrices comme Zi-Lan, jamais on n'en serait arrivé là, car c'est la Justice qui se serait occupée d'elle avant même que Maurice ne passe à l'acte. Mais comme s'il ne suffisait pas de se montrer sourd à ces explications, j'ai eu à subir la violence qui naît de l'ignorance. Ces brutes ont déduit de mes théories thérapeutiques que c'était moi qui avais poussé Maurice au meurtre et j'ai failli être mis en examen pour complicité d'assassinat.

Quelques années plus tard, Maurice a écrit depuis la prison ses Mémoires où il désavoue complètement mon travail. Il ne m'accusait pas de l'avoir poussé au meurtre, mais, au contraire, de n'avoir pas réussi à l'en dissuader. Car, selon la manière dont il élabora par la suite son histoire, sans doute mal conseillé par les psychologues qu'on trouve en prison, il prétendit qu'il n'avait tué Zi-Lan que par sentiment de culpabilité, celui-ci devenant de plus en plus grand à mesure qu'il la haïssait à cause de la thérapie qu'il suivait avec moi. Il est certain que les êtres humains ont tendance à fuir leur vérité, et il en va de même parfois avec les bonnes thérapies.

Punir et guérir, punir pour guérir

Ces terribles cas cliniques, nés des situations les plus ordinaires produites par des individus aussi peu cruels que vous et moi, nous ont montré la manière par laquelle on peut devenir un instrument de la volonté du pervers ainsi que les difficultés pour s'en apercevoir et surtout pour s'en sortir.

Cette question de la malveillance d'autrui dans la compréhension des phénomènes psychiques me semble cruciale et nous montre le danger que représente la survie de la psychanalyse dans une société comme la nôtre. Si mes patients étaient allés consulter un psychanalyste, ils auraient sans doute attribué leur attachement ainsi que leur comportement suicidaire ou déviant à leurs problèmes à eux. On leur aurait fait croire que leurs bourreaux n'avaient été pour rien dans ce qui leur était arrivé.

Ce qui est, à ce stade, incompréhensible, c'est la survie de la psychanalyse, une fois découverte et prouvée, avec les protocoles expérimentaux les plus sérieux, la place de l'intention d'autrui dans la souffrance psychique. Pour la France, je ne parle pas seulement de mes propres travaux mais aussi de ceux d'une génération plus jeune qui s'est adressée directement à un grand public qui les a reçus avec chaleur[1]. Puisque la totalité de nos souffrances psychiques sont intentionnelles, fruit des intentions passées ou actuelles des gens malveillants, qu'elles se reflètent sur nous de la même manière que la blessure que nous inflige un couteau ou celle d'un coup de poing sur notre visage, *alors nous n'avons plus besoin de psychanalystes mais de thérapeutes collaborant main dans la main avec la police et la justice.*

Il est certain que l'analogie entre souffrance psychique et souffrance physique a été difficile à découvrir et que le mot « traumatisme » a été la première grande découverte de cette commune nature. La seule différence est que le sujet peut plus facilement identifier celui qui lui a produit une blessure ainsi que la taille de celle-ci, tandis qu'il n'a pas la même facilité pour déterminer

1. Voir Jean-Luc Jamet, *Le Mythe Sigmund Freud, ou l'Archéologie d'une imposture*, Paris, Éditions de toutes les perplexités, 1987 ; Françoise Sironi, *Bourreaux et Victimes : psychologie de la torture*, Paris, Odile Jacob, 1999 ; « Traumatismes intentionnels et psychothérapie », *Journal des psychologues*, n° 144, 1997 ; Tobie Nathan et Jean-Luc Swertvaegher, *Sortir d'une secte*, Paris, éd. Les Empêcheurs de penser en rond, 2003 ; Marie-France Hirogoyen, *Le Harcèlement moral*, *op. cit.* ; et tant d'autres que je ne peux pas tous citer ici.

qui lui a produit son traumatisme psychique ainsi que son étendue. Car celui qui produit sciemment un mal psychique fait en sorte que nous ayons l'illusion que c'est nous-mêmes qui le produisons, alors que c'est lui qui s'introduit en nous pour nous guider, selon sa convenance macabre. Parfois, c'est dans les mécanismes mêmes par lesquels nous gouvernons nos corps que leur intention de faire du mal se manifeste sur nous, provoquant toutes sortes de maladies. Cancers, hépatites, herpès, combien de maladies ai-je vu apparaître chez des patients depuis que j'exerce mon métier par la seule grâce de l'introduction de la malveillance des pervers dans leurs cycles biologiques !

Mais une fois que la manipulation est détectée et identifiée, une fois que ce chemin est balayé et que l'on peut déterminer son circuit, alors à quoi sert une psychanalyse ? À rien, strictement à rien. Car, pour la plupart, une fois l'origine du mal détectée, le sujet peut le mettre en dehors de lui, grâce à une parole tierce, et il est en même temps guéri. Cette parole le délivre surtout lorsqu'elle punit, la punition étant la seule manière réelle de reconnaître publiquement que l'on a produit un tort psychique à quelqu'un et de mettre ce tort en dehors du sujet, de l'extérioriser en lui imprimant une nouvelle direction. Le mal ira vers le malfaiteur qui, purgeant sa peine, reprendra le mal sur son propre dos. C'est la collectivité dans son ensemble qui, reconnaissant à travers la parole du juge la souffrance et l'innocence de la victime, lui permet de dépasser son traumatisme. Cela a fini par être admis par l'État depuis quelques années pour la plupart des infractions. Le fait que les victimes guérissent par le procès, fassent leur « deuil » comme on dit même à la télévision, est désormais intégré dans les techniques gouvernementales. Mais pour que les juges punissent la sujétion amoureuse, et que la proie puisse guérir, il faut qu'on mette les agissements des pervers amoureux hors la loi. Pour l'instant, lorsque nous découvrons ces manipulations, nous devons nous contenter de les identifier et de faire comprendre au patient ce qui se passe. Tant que nous n'aurons pas les armes pour guérir nos patients, tant que nous attendrons que l'État prenne ses responsabilités, notre capacité de produire une véritable guérison restera restreinte. La peine appliquée au bourreau de l'amour évitera que, par la suite, les proies se retrouvent dans des situations impossibles dans lesquelles elles s'attribuent toute la culpabilité avec des issues à chaque fois tragiques : autodestruction, répétition, vengeance auprès d'un tiers innocent. Qui plus est, lorsque la thérapie est efficace, leur montrant ce qui s'est vraiment passé, comme dans le cas de Maurice, la proie cherchera directement à se venger sur son bourreau, finissant sa vie en prison.

Pour mettre en place cette législation libératrice, on devrait être en mesure d'établir de nouveaux rapports de causalité entre l'emprise psychique et les comportements des victimes. Grâce à cela, on pourrait les déculpabiliser même des actes les plus aberrants qu'elles ont pu commettre sous l'emprise de la sujétion amoureuse en attribuant ces actes à leurs bourreaux. Ainsi, en plus de punir la sujétion amoureuse en tant que telle, il faudrait attribuer tous les comportements de la proie commis sous cette emprise à leurs bourreaux, comme s'ils n'avaient été que des purs instruments. *Car l'on est jamais moins libre que lorsqu'on se retrouve assujetti par l'amour.* Pour ce faire, les juges devraient être assistés par des psychothérapeutes compétents qui ne donneraient pas un simple avis mais qui seraient là pour établir d'une manière officielle l'existence de l'emprise ainsi que les effets produits par celle-ci sur les proies. Vous direz que cela donnerait des résultats arbitraires, chacun disant sa « vérité », chacun accusant l'autre, rendant la solution de ces conflits impossible. Mais il suffirait d'empêcher que lors d'un procès chaque partie puisse fournir les preuves contradictoires des experts en psychisme. Ceux-ci devraient agir comme les juges eux-mêmes. On sait bien que le fait qu'il y ait un seul juge et non pas un pour chaque partie permet de mettre fin aux différends car il choisit une vérité officielle parmi toutes les autres possibles. Il est vrai que, pour mener à terme cette réforme, il faudrait qu'une véritable révolution puisse abattre les derniers préjugés qui tiennent le psychisme pour une instance aléatoire et très peu fiable. Cela pourrait se faire assez facilement par un contrôle étatique plus poussé des diplômes requis pour ces experts en leur donnant une formation unique, comme c'est le cas pour les médecins. *Car les lois psychiques sont aussi claires et précises que les lois physiques, et on ne voit pas pourquoi elles devraient être encore l'objet d'un traitement différent.* Il suffit de se débarrasser des fausses théories qui permettent de laisser coexister dans un même espace de vrais savants et des charlatans, comme si les uns et les autres avaient la même légitimité.

Cinq

— *Comment cela s'appelle-t-il, quand le jour se lève, comme aujourd'hui, et que tout est gâché, que tout est saccagé, et que l'air pourtant se respire [...]?*

— *Cela a un très beau nom [...]. Cela s'appelle l'aurore.*

Voilà la question que posait Jean Giraudoux dans *Électre* et que ma patiente, Amélie U., semblait m'adresser avec son regard voilé de larmes la première fois qu'elle pénétra dans mon cabinet.

Elle a environ trente cinq ans et elle est très diplômée. Fille d'un diplomate étranger, elle a voyagé pendant son enfance dans de nombreux pays et parle plusieurs langues dont le danois et le turc. Depuis quelques années elle a réussi à trouver une position professionnelle convenable comme productrice de télévision.

Au lieu de s'asseoir dans le fauteuil prévu pour les patients, elle prend ma place, tandis que ses pleurs et sa détresse m'empêchent de lui faire comprendre qu'il est indispensable de me la rendre. J'avoue que, pendant un moment, j'ai été tenté d'imaginer que j'étais son patient et qu'elle était assise là pour m'entendre. À tel point que mes propres soucis commençaient à envahir mon esprit et mon travail...

«J'ai connu Michel dans une fête. Il était beau, sûr de lui, grand, plein de charme. Moi, je me suis toujours sentie un peu laide, un peu maladroite. Je n'avais eu que des échecs sentimentaux. Les hommes que j'avais rencontrés, ceux qui avaient voulu me "revoir", couchaient avec moi juste une fois et, après, jamais plus entendu parler d'eux. Je n'ai jamais compris ce type de comportement. Jamais personne ne me l'a expliqué. Le pire est que, à deux reprises, je suis tombée enceinte dans ce type de circonstance. Je ne faisais pas attention, c'est vrai, parce que ça m'arrivait assez rarement d'avoir des rapports. Donc je n'allais pas exiger quoi que ce soit, parce que ça me prenait un peu par surprise et que je craignais qu'il n'y eût pas d'autre fois. Vous voyez ce que je veux dire?

« La première fois que je suis tombée enceinte, j'étais assez jeune et le type était italien, et je n'avais même pas son adresse pour l'avertir. La deuxième fois c'était encore pire parce que je voulais garder le bébé. Je me suis dit que plus tard, peut-être il n'y aurait pas de plus tard, parce que à chaque fois il m'arriverait des choses de ce genre et, donc, je préférais avoir au moins un enfant. J'avais entendu que se faire inséminer dans une banque de sperme, c'était un peu difficile. On m'a même dit qu'en France c'était interdit pour les femmes seules. Bon, tout ça je me le disais au moment de me décider à le garder mais la malchance a fait que ce soit une grossesse extra-utérine. Donc, j'ai été à l'hôpital et les choses se sont compliquées au point qu'il a fallu m'enlever les ovaires pour éviter le pire. Je suis donc devenue stérile. Tout cela m'a rendue très malheureuse mais je ne voulais pas sombrer. Il fallait que je me débrouille pour travailler et rencontrer un compagnon. Je pensais que de toute façon la stérilité ne m'empêchait pas d'adopter et surtout que je pourrais tenter une fécondation artificielle à l'étranger, après tout.

« J'ai dû attendre encore un certain temps, rentrer trop de nuits seule chez moi et me contenter de parler au téléphone avec des copines ou aller à des fêtes où je pouvais être certaine d'être chaque fois la plus laide. Les seuls qui s'intéressaient à moi, c'étaient certains immigrés sans papiers afin de faire des mariages blancs. Il m'a fallu, des fois, leur dire de ne plus me téléphoner car, tandis que j'étais sous leur charme, ils ne pensaient qu'à mon passeport. Mais tout cela n'est que du passé.

« Un beau jour, même si rétrospectivement il n'a pas été aussi beau que cela, une amie m'a fait rencontrer Michel. Lorsque je l'ai vu, et surtout lorsque j'ai vu qu'il s'intéressait ne serait-ce qu'un peu à moi, je n'ai pas pu le croire. C'était l'homme le plus séduisant que j'avais eu en face de moi et il avait l'air si gentil que toutes mes craintes tombèrent d'un coup. Mon affreuse histoire d'échecs répétés devint soudain dans mon esprit le cauchemar d'une autre. Michel semblait en mesure de tout réparer. Pendant qu'il me parlait je ne sais plus de quoi, j'avais le sentiment que ma peau bouillait, que j'allais me défaire comme une bougie, que ma chair allait dégouliner dans l'appartement et que les autres invités allaient glisser dans ce liquide visqueux. En effet, tout le monde s'aperçut du coup de foudre mais, sur le moment, je n'ai pas eu la moindre honte ni la moindre retenue.

« En dépit de son air calme, Michel avait, en vérité, plein de problèmes. Il était au chômage, il avait une enfant de neuf ans à sa charge, il habitait un appartement minuscule où il prétendait dormir debout. La situation était impossible pour nos rencontres et j'ai décidé, en dépit du fait que je suis très proche de mes sous, de louer un grand appartement pour qu'enfin on puisse faire l'amour sans crainte que l'enfant ne nous entende et ne se réveille. J'ai pris un deuxième emploi jusqu'à ce que Michel trouve quelque chose lui aussi.

« On a passé une année extrêmement heureuse. J'avais enfin un bel amant, tous les soirs en rentrant à la maison. C'était comme un rêve. C'est vrai que l'enfant posait quelques problèmes, mais quelle importance ? C'est vrai que Michel ne voulait pas qu'on se marie ou qu'on se pacse, mais, dans mon ingénuité, je me disais que ce n'était rien, les papiers, les contrats, face à cet amour si merveilleux. Pour la première fois de ma vie je me sentais presque belle. (Pleurs.)

« Mais à peine Michel trouva-t-il du travail que le climat commença à se dégrader. Il rentrait de plus en plus tard à la maison et refusait de coucher avec moi. Me voilà donc, comme dans un cauchemar, revenue à la case départ. D'abord il me dit qu'il était fatigué, et puis, comme les semaines passaient, quand je pleurais parce qu'il ne voulait pas, il commença à me dire des choses terribles, comme par exemple : "Tu as vu ta tête, toi ? Tu ne ferais même pas bander un mec qui est en taule depuis vingt ans !", et après sa plaisanterie il riait comme un fou. Chaque fois, c'étaient des choses comme ça, des scènes terribles. Et puis, il a commencé à regarder des films porno à la télé et il se masturbait dans le lit, comme si moi je n'étais pas là, et après il s'endormait sans même avoir l'élégance d'éteindre la télévision.

« Quand je lui ai demandé d'accepter une procréation artificielle, il m'a traitée de folle, et pour terminer il a ajouté : “Le seul avantage, c'est qu'il faut se masturber à l'hôpital avec une revue porno au lieu de coucher avec toi...” Il trouvait sa blague tellement drôle qu'il a téléphoné à un ami pour la lui raconter pendant que moi j'étais dans la pièce... (Pleurs.)

« J'ai commencé à déprimer de plus en plus et puis j'ai compris qu'il avait trouvé une maîtresse, qui s'est avérée être ma meilleure amie, une amie d'enfance. D'abord il a nié et puis ils se sont mis à s'embrasser même devant moi dans le salon. L'enfant l'appelait “la jolie maman” tandis que moi il ne cessait de m'insulter. Michel avait le culot de me demander de lui commander des pizzas à domicile pendant qu'il regardait des films avec mon amie. Un jour, j'ai voulu la chasser après cette demande de pizza, mais Michel s'est levé, furieux, et m'a dit : “Si tu la chasses, je partirai avec elle manger des pizzas pour toujours. On s'installera dans une pizzeria, comme ça on les aura très vite”, tout ça avec des rires diaboliques et elle aussi. Mais moi je l'aimais trop pour lui dire de partir et je gardais l'espoir qu'il quitterait sa nouvelle maîtresse. Mais finalement il est parti avec elle et l'enfant en me laissant un paquet avec un vibromasseur dedans et une petite lettre : “J'espère que cette prothèse salutaire fera que tu cesses de harceler les mecs et que tu te concentres un peu plus sur ton travail."

« J'ai fait au moins trois tentatives de suicide mais il n'est jamais venu à l'hôpital. Quand je me suis peu ou prou rétablie, que je suis revenue à mon travail, que j'ai cessé de pleurer toute la journée, j'ai commis l'erreur d'allumer la télévision pour regarder une émission qui me semblait intéressante sur la 2 et qui s'appelait, je crois, "Esclavages au quotidien". Michel témoignait à visage découvert de tout le mal que je lui avais fait, avec un luxe de détails, il décrivait l'oppression, les manipulations, la culpabilité, la maltraitance que je faisais subir à l'enfant pour me venger de lui, son amour désespéré et finalement possible avec ma meilleure amie qui souriait à côté de lui, en lui prenant la main. Le pire, c'est que mes amis, après ça, qui m'avaient jusqu'alors consolée, se sont écartés de moi, et maintenant c'est lui qu'ils fréquentent[1]... »

1. Si le rôle de la télévision et de la radio, de même que celui de la presse non élitiste, s'est avéré indispensable pour faire changer tant de choses depuis quelques années, pour faire rentrer la souffrance humaine, enfin, dans les calculs politiques, il semble nécessaire que les médias soient parfois dotés d'équipes de spécialistes qui puissent détecter les manipulations.

Voilà donc cette inquiétante affaire. Nous nous trouvons ici face à un pervers différent des autres car il a derrière lui une longue liste de victimes. Tout au moins, avant Amélie U., il y en a eu une autre. Si Michel avait seul la charge de son enfant, c'est parce qu'il avait mis son ancienne compagne knock-out. D'abord elle s'est adonnée à l'alcool, puis elle a fait une première tentative de suicide pour mourir finalement d'une overdose d'héroïne. Voilà. On ne sait combien d'autres femmes il a laissées dans le caniveau, ce beau don Juan de pacotille. Il est important de signaler qu'aussi bien sa première victime et mère de son enfant qu'Amélie étaient des femmes fragiles. Le père de son ex-femme s'était pendu, victime de harcèlement moral dans son travail, et sa mère, déprimée chronique, s'est injecté de l'héroïne pour la première fois à l'âge de dix-neuf ans. Les pervers de ce type se présentent comme des sauveurs de femmes en détresse afin d'avoir des proies faciles. Comment ces femmes pourraient-elles leur résister ? Comment ne pas avoir un terrain propice pour la torture systématique avec des victimes qui ne vont pas bouger, qui vont se donner à lui comme s'il était un prince charmant, voire un véritable messie ?

Qui plus est, il semble clair et net que cette enfant qu'il chérissait était mis au service de sa volonté de destruction de ses proies. Cette créature méchante et démoniaque se mettait sans doute d'accord avec son père pour briser le moral d'Amélie. Tout cela sous couvert d'une inoffensive relation père-fille censée émouvoir ses proches. Voici un homme qui « assure », qui aime son enfant, dit-on lorsqu'on les rencontre pour la première fois.

Comme toutes les autres proies, Amélie se sentait coupable de sa laideur à laquelle elle avait attribué la perte de l'amour de Michel. Elle me disait : « Si j'avais été belle, il ne serait pas parti. » Elle croyait donc mériter ce qui lui arrivait, comme c'est souvent le cas dans ce type de situation. On idéalise à tel point le tyran qui vous rejette comme une chaussette sale et trouée qu'on ne peut lui attribuer aucun tort et qu'on se remplit d'une haine de soi qui pousse à s'autodétruire.

Épilogue

Si acharné que je fusse à lui faire comprendre que la beauté n'est pas la condition de l'amour, elle s'est complètement refaite avec de nombreuses et incroyables opérations de chirurgie esthétique. Paupières, nez, pommettes, menton, dents, seins, cheveux, ventre, tout ce que l'on peut imaginer. Elle a accompli sa mission : détruire son identité entière. Je ne pouvais pas faire grand-chose car il est vrai qu'elle n'avait pas de succès auprès des hommes pour qu'un autre amour vienne la consoler. Ses transformations corporelles sont allées bien plus vite que celles de son esprit, mission pour laquelle j'avais été mandaté par ma patiente. Si on pouvait extirper un souvenir, un traumatisme aussi facilement qu'une verrue ! Combien de fois me suis-je dit que j'aurais été un homme heureux si j'avais choisi le métier de chirurgien plutôt que cette voie difficile et insondable de la guérison de l'esprit...

Quelques mois après ses transformations corporelles, Amélie trouva enfin un nouveau compagnon, un « petit gros », comme elle l'appelait tendrement au début de leur relation. Elle semblait enfin amoureuse et heureuse, sans que le feu de la passion vînt perturber tant de paix. On était sur le point de finir notre travail thérapeutique lorsque je commençai à m'apercevoir que quelque chose n'allait point. Lui l'appelait « ma princesse » et elle commença, petit à petit, à exercer ses fonctions royales, si j'ose dire. Elle me parlait bizarrement de ce petit gros qui la couvrait de cadeaux, qui s'humiliait jour après jour auprès d'elle. Inutile de lui faire comprendre quoi que ce soit. La chirurgie lui avait donné la possibilité de se comporter comme Michel l'avait fait avec elle. Amélie désirait jouir désormais de sa puissance et, devant mes remontrances, elle m'a traité de « curé donneur de leçons » avant de fermer à jamais la porte de mon cabinet, sans avoir même la délicatesse de dire au revoir à Mme Deauville, qui avait été si gentille avec elle pendant tant d'années.

Cette histoire m'a fait comprendre comment la passion amoureuse produit des « empreintes » psychiques de la même manière que Konrad Lorenz l'avait détecté pour ses oies. Le traumatisme amoureux crée chez la proie une structure qui l'emprisonne, la ligote, la poussant parfois pour s'en sortir à commettre le même méfait à l'égard d'autrui que celui dont elle a été victime. *L'identification avec l'agresseur est la seule manière de dépasser la souffrance, de faire le deuil de son absence cannibale. Je deviens le bourreau afin de ne point le perdre. Je suis désormais le bourreau et je mets ma victime à la place que j'occupais jadis. Je me fais croire ainsi que c'est la victime seule qui souffre et non plus moi. Plus je me méprise, plus je tourmente ma proie car elle est l'image d'un moi dévalorisé par la perte du bourreau.*

Amélie U. a été pour moi l'occasion de détecter, pour la première fois, l'éclosion d'un « pervers par contamination ». La personne possédée, victime pure, devient bourreau à son tour. Contamination perverse dans le cas de la sujétion amoureuse que mon collègue italien Luigi Giambarini, dont il sera question plus bas, sans mes connaissances en matière sociale et anthropologique, avait mise sur le compte du « surnaturel ». Au fond, ce sont des phénomènes de « vampirisme psychique » que l'on a détectés depuis bien longtemps dans le cas des victimes d'inceste et de pédophilie. Sauf que, ici, c'est la sujétion amoureuse qui se transmet. Point donc de magie, de sorcellerie, mais des lois psychiques. N'empêche que si l'on se place d'un autre point de vue, celui de l'art de faire du mal à autrui, celui du pervers, on peut dire, en effet, que sa puissance a été si grande dans le mal qu'il a réussi à faire d'Amélie une de ses agentes, comme si elle était un suppôt qui travaillait pour lui. Michel a une puissance plus forte que celle des autres pervers que j'ai eu l'occasion d'examiner, car il est un être pour le Mal. Aucune transformation fonctionnelle de la relation à Amélie n'aurait pu faire bouger ses desseins criminels. Il a agi, en substance, comme on disait qu'agissaient les sorcières, ces êtres qu'on se sentait obligé d'exterminer car on ne pouvait pas les transformer. Aujourd'hui, il faudrait mettre en place des dispositifs équivalents, non point pour les exterminer – la peine de mort a été abolie –, mais pour les neutraliser jusqu'à la fin de leur vie, de même qu'on le fait avec les criminels sexuels.

La malice des pervers est si grande qu'ils réussissent à manipuler les meilleurs thérapeutes. Ainsi, sans même m'en apercevoir, j'étais devenu complice d'une manipulation perverse, car je n'ai pas vu tout de suite ce qu'Amélie tramait avec sa proie, et je l'ai encouragée dans cette entreprise. C'est pour cela que, lorsque le « petit gros » est venu à mon cabinet à son tour, afin de me demander une aide thérapeutique, j'ai refusé immédiatement. Je nous ai imaginés quelques mois, voire quelques années plus tard, devenant, lui, le bourreau d'une « petite grosse », et, moi, l'effroyable complice d'une chaîne infernale.

Cela m'a jeté dans une terrible perplexité. Je me suis demandé si Michel lui-même n'avait pas été victime d'un autre pervers, et celui-ci d'un autre encore, et ainsi de suite jusqu'à ce que l'on puisse remonter au premier pervers, l'Ange des pervers, le Premier Moteur du Mal, comme saint Thomas le disait de Dieu à propos des causalités cosmiques.

Mais, sous ces pensées caniculaires – on était déjà en plein mois de juillet –, j'ai arrêté de réfléchir. Je commençais à être confus, à avoir mal à la tête, à me dire que peut-être je commençais à me tromper par l'éblouissement que me produisaient mes propres découvertes.

J'ai fini par me reprendre et j'ai réussi à organiser mes pensées. Moi, Jean-Luc Jamet, le plus scientifique des professionnels du psychisme, qui avais tant contribué à rendre ce savoir respectable contre les charlatans et les gourous, moi, je ne pouvais pas tomber dans de telles tentations. Il fallait classer cette affaire sans chercher trop au fond – car plus profond on va, plus les risques de se noyer sont grands. Reprenons donc.

Il y a deux types de pervers amoureux du point de vue de l'origine de leur perversité. Ceux qui deviennent pervers à l'occasion d'une relation dans laquelle ils sont des bourreaux et ceux qui sont contaminés par autrui lorsqu'ils en ont été les proies. Ces derniers sont les plus dangereux car condamnés à récidiver sans arrêt. Point de pacte avec une puissance maléfique quelconque. *On devient pervers contaminé par le saccage que quelqu'un d'autre produit dans notre psychisme lors d'une sujétion amoureuse.* Parfois, celui qui est capable de nous contaminer ainsi n'est qu'un pervers occasionnel. Le mal radical peut apparaître d'un mal profane et banal. C'est pour cela qu'il faut s'attaquer à celui-ci pour prévenir celui-là.

À l'instar de ma collègue Marie-France Hirigoyen, je nommerai ce type de pervers contaminé le pervers « vampire ».

Le pervers « vampire »

Il existe bien des sorciers qui, avec l'aide des démons à qui ils sont liés par un pacte et avec la permission de Dieu, ont le pouvoir de causer des maléfices réels[1].

Si toute relation amoureuse abrite potentiellement le mal, si personne ne peut y échapper, y compris les gens les plus honnêtes, une autre forme de mal, bien plus insidieuse et dangereuse que la précédente, voit le jour depuis quelques années et se répand à une vitesse inouïe. Il s'agit de celle des individus qui deviennent pervers parce qu'ils ont été victimes d'un pervers. Le résultat étant une véritable transformation de leur personnalité, ils deviennent désormais des pervers « vampires ». Lorsque ces individus rentreront dans une nouvelle relation, leur seul but

1. H. Institoris et J. Sprenger, *Le Marteau des sorcières. Malleus maleficarum* (1486), trad. A. Danet, éd. Jérôme Millon, 1990, p. 121.

sera la destruction d'autrui. Considérés à tort comme des pervers congénitaux par certains de mes collègues, ces individus sont en réalité contaminés par le mal, leur être devenant par la suite une arme de destruction. Le meurtre et l'assassinat étant punis, ces individus utilisent d'une manière préméditée la sujétion amoureuse pour éliminer sadiquement leur prochain.

Même si ces pervers ont existé de tout temps, écrit Mme Hirigoyen, « la multiplication actuelle des actes de perversité dans les familles et dans les entreprises est un indicateur de l'individualisme qui domine dans notre société. Dans un système qui fonctionne sur la loi du plus fort, du plus malin, les pervers sont rois. Quand la réussite est la principale valeur, l'honnêteté paraît faiblesse et la perversité prend l'air de débrouillardise ». Ces êtres, écrit-elle, sont si terribles parce que vides de toute substance ; ils sont des négativités pures. Elle les compare à des « vampires » car ils ont besoin de l'autre pour en sucer la substance vitale, eux-mêmes n'en ayant aucune. Il s'agit, selon ces croustillantes descriptions, d'un pseudo-être humain, d'une coque vide sans existence propre qui a besoin de se « brancher » sur l'autre, et, « comme une sangsue, d'essayer d'en aspirer la vie[1] ».

1. Marie-France Hirigoyen, *Le Harcèlement moral, la violence perverse au quotidien*, *op. cit.*

Désormais, c'est de cette destruction même qu'ils vont tirer des profits narcissiques, qu'ils auront le sentiment d'avoir un certain volume d'être, un espace vital qui s'étend chez d'autres. Plus ils ont réussi à détruire de proies, plus ils sont satisfaits. On dit d'une femme qu'elle a mis au monde un certain nombre d'enfants, d'une population qu'elle croît et se multiplie, des médecins qu'ils ont réussi à sauver des vies. Le pervers agit avec une logique et une force contraires à celles-ci. Chez lui, les comptes sont toujours négatifs. Il se demande : combien d'êtres ai-je détruits, combien d'endroits grâce à moi sont restés dans la désolation et la misère ? Mais cela n'est même pas fait par une méchanceté, si j'ose dire, volontaire. C'est la structure même de leur être qui les pousse à agir ainsi, comme c'est le cas des parasites. On sait que ces bêtes n'ont pas le choix d'être des chevaux ou des ténias. Ils ne peuvent pas se transformer en nous promettant qu'ils deviendront des chevaux, aucune sanction ne pourra les rééduquer. Les ténias ne peuvent être autre chose que des parasites dont la survie dépend de l'amoindrissement qu'ils produisent chez les autres êtres vivants. Il s'agit d'une affaire de survie. On est donc presque au-delà de la morale, on touche les rives de ce continent indistinct du Mal que la laïcisation de nos sociétés avait mis sur le compte de l'obscurantisme médiéval ou du fanatisme religieux. Même si cette logique anime tous les pervers « vampires » sans distinction, chacun d'entre eux développe un art de la destruction d'autrui qui lui est propre. Il est vrai que cela dépend de leurs caractéristiques personnelles mais aussi du contexte social et politique dans lequel ils exercent leurs méfaits. Ainsi, leur carrière négative peut montrer leur puissance soit en ce qui concerne le *nombre* des victimes qu'ils détruisent, soit par la *manière* plus ou moins grandiloquente dont ils s'emparent d'elles.

Six

Les maléfiques tirent leur nom de la grandeur de leurs crimes : ils entrechoquent les éléments, ils perturbent les esprits des hommes, ils tuent les vivants sans aucun venin, par leurs seuls enchantements[1].

Caroline frappe si doucement à la porte de mon cabinet que je l'entends à peine. Elle est petite et blonde, avec un sourire un peu enfantin. Elle est tellement mince qu'elle semble flotter dans ses vêtements. Elle a un visage diaphane transformé par des rougeurs étranges sur les deux côtés. Lorsqu'elle baisse les yeux on voit des veines violettes s'agiter comme si son sang était devenu fou, comme s'il avait perdu sa bonne route et creusait des sillons inattendus dans sa

1. H. Institoris et J. Sprenger, *Le Marteau des sorcières. Malleus maleficarum*, (1486) *op. cit.*, p. 157.

chair pour continuer à circuler. Si l'on m'avait dit à ce moment-là que cette femme était au stade terminal d'une maladie, je l'aurais cru. Mais j'aurais cru tout autant celui ou celle qui m'aurait dit : cette femme est morte et vous fait la gentillesse de respirer devant vous. J'ai tout de suite compris qu'elle avait le physique de sa triste histoire.

« J'ai su que j'étais lesbienne alors que j'étais toute petite. Néanmoins, j'avais du mal à l'accepter. J'avais honte auprès de mon entourage. Je craignais de faire de la peine à mes parents. C'est pour cela que j'ai fait plein d'efforts pour être avec des garçons. Pendant des années, j'ai fait semblant et j'ai surtout essayé de me convaincre que j'étais capable de les aimer. J'en ai épousé un afin d'endiguer mes pulsions déviantes. Je sais que tout cela fait démodé mais, il y a encore une dizaine d'années, les choses étaient très différentes et, de surcroît, je viens d'un milieu très catholique. Ma mère était si croyante qu'elle prenait mon lesbianisme pour de la vertu. Elle disait à ses amies qu'elle avait de la chance d'avoir une fille différente des autres, qui ne courait pas derrière les garçons. Elle ne songeait pas à quel point elle allait payer cher cette petite vanité de mère.

« Mon époux était plus âgé que moi et il avait trois enfants qui venaient à la maison une semaine sur deux. Moi, bien sûr, je ne l'aimais pas et ses enfants non plus. Heureusement, il n'était pas très intéressé par le sexe et je ne me tirais donc pas mal de la situation. En plus, il travaillait beaucoup et j'avais plein de temps pour moi. En vérité, L'expression "pour moi", me semblent une véritable plaisanterie quand je les compare à ce qu'ils peuvent signifier pour ceux qui ont une vraie vie. L'expression "pour moi" était une forme de tristesse qui consistait à chercher des distractions à mon existence inutile. C'est ainsi que j'ai rencontré Nina dans un jardin public pendant que je lisais un roman policier d'un auteur américain. On s'est un peu parlé, et j'ai appris qu'elle habitait dans le quartier, tout près de chez moi. Je suis tombée si follement amoureuse que, le soir même, il a fallu m'hospitaliser. On ne savait pas ce qui m'arrivait. Je pleurais, j'avais des crises de froid et de chaud, mon cœur battait trop vite, ma tension montait et baissait avec de tels écarts en l'espace de quelques minutes que les médecins l'attribuèrent à un dysfonctionnement des appareils. Dès lors, je n'ai eu qu'un seul but dans ma vie : la revoir. J'étais prête à payer le prix le plus cher, même celui de ma réputation que j'avais tenté si jalousement de protéger. J'étais prête à tuer et à me laisser tuer. Je me souviens que, dans les délires que j'ai eus à l'hôpital, je me disais : "Si jamais la providence m'accorde la grâce d'embrasser cette femme, je suis prête à me laisser exécuter le lendemain." Les médecins ont réussi, à force de médicaments et de paroles rassurantes, à me calmer et je pus ainsi rentrer chez moi.

« Puis je suis revenue au parc plusieurs fois jusqu'à ce que je puisse la revoir. Je lui ai dit que j'avais quelque chose de très grave, de très délicat à lui dire. Elle m'a demandé de monter chez elle, m'a donné à boire un verre de whisky et je lui ai dit que je l'aimais à la folie et que je ne pouvais plus me passer d'elle. À ce moment précis, mon tourment commença. Elle me dit : "Mais comment, vous n'avez pas honte de vos penchants homosexuels ? Comment osez-vous me dire cela sur ce ton, comme si de rien n'était ? Je comprends que vous soyez malade, mais, dans ce cas, il ne faut pas tomber dans la maladie et croire qu'on est amoureux. Il aurait fallu me dire : j'ai un problème, une perversion, un vice dégueulasse, tout en étant mariée avec un homme qui m'aime, venant d'une famille qui m'a donné toutes les chances de devenir quelqu'un de bien, de normal." Voilà ce qu'elle m'a dit. Je suis partie en pleurs, en courant, comme si j'étais en train de vivre un véritable cauchemar. Mais, comme elle m'avait donné sa carte avant de partir, je lui ai téléphoné de nouveau. Je ne peux pas dire que j'ai commis l'erreur de lui téléphoner parce que je ne pouvais pas faire autre chose. J'étais emprisonnée à cette femme qui me renvoyait l'image la plus affreuse de ma déchéance. Elle m'a dit de venir la voir immédiatement et j'abritais l'espoir que son attitude change, qu'elle se rende compte à quel point je l'aimais, qu'un amour comme celui-là ne pouvait pas n'être qu'unilatéral. Qu'il ne pouvait être ni moral ni immoral, ni normal ni anormal, car il était horriblement inévitable. (Pleurs.)

« Pourtant, lorsque je suis venue la voir, elle m'a répété plus ou moins les mêmes choses. Le pire, c'est qu'elle tentait de me serrer dans ses bras pour me consoler, pour me ramener à la raison. Et moi je brûlais de désir comme une braise, j'avais des vertiges et je me suis même évanouie. Quand je me suis réveillée, elle était à mes côtés, à me dire des mots gentils pour que je puisse me remettre. Et puis, de nouveau, elle me disait qu'il fallait que je me soigne, que c'était une maladie, que le mieux ce serait d'abord de quitter mon mari, parce que le fait de ne pas l'aimer était aussi une cause de mon lesbianisme. "Les femmes sont parfois comme ça ; il suffit qu'elles trouvent l'homme dont elles tombent amoureuses, et puis toutes leurs fantaisies homosexuelles disparaissent." Bien évidemment j'ai décidé de divorcer et j'ai annoncé la nouvelle à mon mari le soir même. Heureusement, il ne l'a pas mal pris. Apparemment, il savait depuis bien longtemps que je ne l'aimais pas, mais il s'était résigné parce que sa vie était assez compliquée comme ça. Voilà comment certaines personnes prennent les choses du bon côté. Et puis Nina m'a conseillé d'aller vivre chez ma mère et d'aller voir un curé qu'elle connaissait afin de mener à terme ma guérison spirituelle. Mais mon amour pour elle ne faisait que grandir au fur et à mesure. Et il semble impossible parfois de voir comment quelque chose qui semble occuper l'univers entier peut encore s'étendre.

« Le curé n'était pas très bien, à vrai dire, il était plutôt bête. Il m'a dit qu'il avait déjà vu plusieurs personnes dans ma situation et qu'il serait prêt à m'aider. Il me conseillait de prier, de m'isoler, de m'occuper de ma mère et de ses rhumatismes, de penser au malheur du monde pour oublier le mien propre. Nina continuait, quant à elle, à me donner des conseils qui allaient dans le même sens mais qui étaient encore plus durs. Elle me conseillait de prier et de prier, et si, avec la prière, mes désirs ne s'amoindrissaient pas, il fallait que je m'enfonce une aiguille quelque part dans le corps, que je me provoque des blessures dans des endroits non visibles, en autopunition. Elle me disait, pleine d'égards : "C'est comme ça que faisaient les saints et toi, dans le fond, tu es une sainte qui cherche sa route." En plus, elle venait chez ma mère et elle était devenue un peu son amie aussi. Moi, je passais une grande partie de la journée enfermée, à prier dans le noir, et il m'est arrivé dans des moments de grande tension amoureuse d'entendre la voix des saints, des apôtres et des martyrs chrétiens. J'avais des bourdonnements d'oreilles permanents, je m'étais fait des marques partout sur le corps, parfois je m'imposais des jeûnes terribles. Puis je me suis aperçue que je me réveillais parfois avec des sortes de cicatrices, même à des endroits visibles, que je ne me faisais pas toute seule. Elles duraient quelques jours, voire même quelques mois, comme celles que j'ai maintenant sur les côtés du visage. Les médecins attribuèrent cela à une "allergie", nom qu'ils donnent aux maladies inexplicables. Moi je savais que c'étaient des signes de la punition de Dieu pour mes désirs coupables.

« Plus de deux ans ont passé ainsi jusqu'à ce qu'un jour ma mère reçoive une lettre de Nina alors que j'étais sortie faire une course. À mon retour, j'ai trouvé ma mère morte d'une crise cardiaque sur le canapé du salon, la lettre à côté d'elle. Sur un ton moqueur et triomphant, Nina annonçait à ma mère qu'elle allait quitter Paris pour aller vivre à Toulon avec sa copine, sa compagne avec qui elle entretenait une relation amoureuse depuis cinq ans. Elle lui disait qu'il fallait qu'elle abandonne ses préjugés chrétiens qui rendent la vie des homosexuels trop dure et qui empêchent de les accepter. Et puis aussi qu'il fallait qu'elle comprenne sa fille qui était, comme elle, une "gouine", sans essayer, comme c'était son "habitude", de me briser. Elle l'accusait d'être à l'origine de mes comportements asociaux, de ma culpabilité et de mon anorexie. Que si elle continuait à me traiter ainsi j'allais devenir un danger social, une SDF, une suicidaire. Elle ajoutait bien d'autres choses encore, mais je crois qu'il n'est pas nécessaire d'en dire davantage. En voyant le cadavre de ma mère, j'ai essayé de me donner la mort en m'ouvrant les veines avec un couteau de cuisine. On m'a sauvée par miracle. Mais le pire est que je pense toujours à elle, et la manie de m'automutiler continue encore, chaque fois que je pense au désir qu'elle provoque chez moi. Les cicatrices et les marques apparaissent aussi toutes seules, comme avant. »

Analyse clinique

Cette histoire est fort intéressante parce qu'elle présente des composantes très archaïques. Nina jouait comme tous les pervers avec une faille de Caroline, faille qui était à ses propres yeux ridicule car elle était une lesbienne épanouie. Mais au lieu de la convaincre de faire de même, Nina profita de cette faiblesse pour l'humilier, la soumettre à son souverain empire et se moquer d'elle, lui laissant, à la fin, le cadavre de sa mère comme souvenir du cauchemar qu'elle lui avait fait vivre.

Certains prennent des couteaux ou des pistolets et tuent ainsi. D'autres le font par le moyen de l'assujettissement d'autrui, du dépouillement de toute sa volonté et de toute sa liberté. La victoire de Nina a été totale car Caroline tente depuis la mort de sa mère de faire la même chose avec une jeune lesbienne en détresse, comme pour prendre la place de son amoureuse impossible et perverse. Ce que Nina a obtenu de Caroline est bien plus terrible que sa mort, car désormais celle-ci se trouve à son service, elle est devenue une partie de son espace vital, une agente docile qui continuera à recruter de nouvelles proies pour son compte.

Jadis on attribuait ce type de dérèglement au diable, manière pour nos ancêtres de garder leur confiance dans l'humanité. Comme si notre puissance pour le Mal, celle qui est susceptible de se loger dans nos esprits, n'était pas mille fois plus épouvantable que celle que l'on peut attribuer à n'importe quel démon. On disait dans ces temps reculés que les sorcières avaient une région insensible dans le corps, signe de leur pacte avec le diable, que les juges cherchaient en les piquant avec des aiguilles comme une preuve afin de les conduire au bûcher. Mais au fond, et au-delà d'autres phénomènes plus énigmatiques que j'essaierai d'énoncer plus bas, n'était-ce pas une manière de parler de leur cœur, une manière poético-symbolique dont nous rions aujourd'hui comme si tant de millions de personnes qui nous ont précédés avaient été folles ou enfantines ?

Mais, tout comme Amélie U., Caroline n'avait pas de guérison car, tout simplement, elle ne voulait pas guérir. À un moment donné, voyant la lueur de son regard lorsqu'elle me parlait avec plein de pléonasmes et de tours d'esprit de la souffrance qu'elle infligeait à ses proies, je lui ai demandé de ne plus venir. J'ai commencé à me sentir complice de la puissance maléfique qu'elle incarnait. Des gens comme ceux-là, il faut les interner et les contraindre à guérir, évitant ainsi qu'ils continuent de nuire. On les a ensorcelés, il est vrai, mais les futures victimes n'y sont pour rien. C'est cela que l'on avait compris au temps de la chasse aux sorcières. On ne cherchait pas alors à se venger de tels êtres : on savait qu'eux-mêmes avaient été trompés par les mensonges du diable [1]. On voulait juste éviter qu'ils nuisent à d'autres personnes, car à l'époque on n'avait pas de traitements adéquats pour les guérir. Aujourd'hui qu'on pourrait le faire, c'est la politique, l'organisation politico-juridique de la société, qui nous en empêche. J'espère pas pour longtemps.

1. Voir à ce sujet Robert Mandrou, *Magistrats et sorciers en France au XVIIe siècle*, Paris, Le Seuil, 1980.

Serial pervers

Les pervers dont la stratégie est numérique s'en prennent à un nombre indéterminé et à chaque fois supérieur de victimes, qu'ils détruisent définitivement. Leur travail est rapide et plus ou moins identique pour chacune. Leur but est, en substance, de les mener au suicide. Ils ne cherchent pas à les rallier pour les mettre au service d'un but prédéterminé. Il s'agit de tuer à travers la main de la proie, qui intègre leurs intentions malveillantes, et de le faire le plus rapidement possible. Ce type de pervers s'est mis à agir d'une manière industrielle depuis quelques années, car j'ai le sentiment qu'ils comprennent que, tôt ou tard, cette impunité actuelle n'aura plus cours. En effet, la prise en compte massive des phénomènes d'emprise, la publication de travaux de plus en plus fins sur leur manière d'agir leur font sentir que leurs jours sont comptés. Ils doivent donc profiter de l'impunité actuelle.

Les premières prises de conscience eurent lieu vers la fin des années 1990. Il y eut dans certaines capitales européennes quelques « faits divers » effrayants dont on n'a pas souhaité trop parler. Le premier a eu lieu à Madrid, en 1996. Les journaux ont rapporté la découverte par la police de cinq jeunes filles mortes la même semaine, toutes laissant derrière elles soit des lettres, soit des journaux intimes, soit des confessions à leurs copines, montrant qu'elles s'étaient donné la mort à cause d'un jeune homme – qui n'avait pas toujours le même nom – qui les avait maltraitées et quittées. L'enquête qui fut menée un peu par hasard par Ana Monteros, la journaliste qui s'était occupée de l'affaire, a révélé que les jeunes hommes en question étaient en fait une seule et même personne. Tantôt il se faisait appeler Juan Manuel, tantôt Felipe, tantôt Mauricio[1]. À Munich, l'année suivante, dix-huit femmes de dix-sept à quarante-deux ans se sont suicidées en un seul mois, et toutes avaient laissé une lettre dans laquelle elles disaient avoir décidé de mettre fin à leurs jours par dépit amoureux. Et là encore il s'agissait, selon une étude faite par un psychiatre de la ville qui suivait deux d'entre elles, d'un seul et même homme[2]. Mon collègue et ancien ami Luigi Giambarini a écrit un intéressant ouvrage sur cette question en 2001 où il dresse un portrait

1. Ana Monteros, *Suicidios por amor : la epidemia de Madrid*, Madrid, éd. Realismos y utopias, 1997.
2. Étude citée par Luigi Giambarini, *Amore... ?*, Rome, éd. Buzzelli, 2001, pp. 35-36.

d'ensemble de ces cas troublants, ouvrage qui n'a pas encore été traduit en français[1]. Ayant traité à Rome un des individus morts dans une épidémie de suicides pendant l'hiver 1995, il s'est attaché par la suite à chercher des cas semblables dans d'autres temps et d'autres lieux. Le pire étant que, la seule fois où l'une de ces affaires était arrivée à la connaissance du gouvernement italien, celui-ci avait voulu faire croire à la population que c'était l'œuvre d'une secte, et d'autres l'attribuèrent à la Mafia.

Luigi Giambarini n'a pourtant pas repéré les liens entre ce type de phénomène et le fait que les pays en question sont, comme on dit, « développés » et occidentaux. Car il n'aurait jamais trouvé de problèmes de ce type au Yémen, en Arabie Saoudite, en Afghanistan ou même au Japon. Ces sociétés étant, dans une large mesure, traditionnelles, elles ne connaissent pas ces phénomènes liés aux nouvelles formes de familles fondées sur la passion. Cette absence de considération des problèmes sociaux et politiques pour ces maladies pousse mon collègue à rechercher dans je ne sais quels pouvoirs paranormaux les réponses à ces problèmes théoriques et pratiques, ce qui est terrible pour un homme de science, car il perd à juste titre toute crédibilité et donc toute possibilité d'être entendu.

1. *Ibid.*, pp. 24-85.

Sept

Louis G. entre dans mon cabinet, pâle et frêle comme une ombre. Il a environ vingt-cinq ans, il est habillé et parle d'une manière efféminée, il a l'air malade. Lorsque je l'ai vu entrer, je me suis dis ceci : «Voilà un être qui ressemble à un déchet que celui ou celle qui l'a utilisé n'a pas eu le temps de jeter à la poubelle.» Hélas, je ne m'étais pas trompé...

«Lorsque j'avais dix-huit ans, une femme plus âgée que moi m'a ensorcelé. Elle s'appelait Alice et avait à l'époque trente-trois ans. Mariée à un homme de trente ans son aîné et mère de trois jeunes enfants, elle était au comble de sa beauté.

« Moi, je ne connaissais rien à la vie. Ma mère, qui venait de mourir, avait vécu clouée au lit avec une dépression chronique et me tyrannisait car elle n'avait ni compagnon, ni famille, ni amis. Elle m'interdisait de sortir avec les jeunes de mon âge, me reprochant de la délaisser. Lorsqu'elle est morte, je me suis dit que ma vie commençait, et je m'apprêtais désormais à la vivre. Quand j'ai rencontré Alice, je n'avais jamais eu de relations sexuelles et elle s'est présentée à moi comme un cadeau de la providence. Je l'ai vue pour la première fois dans un restaurant. C'est elle qui s'approcha de moi sous prétexte de me demander du feu. Pendant qu'elle me parlait en me fixant des yeux, j'ai eu presque une attaque cardiaque. Mon cœur battait si fort que je pensais que tout le monde allait l'entendre. J'ai senti que j'avais été béni par un Dieu, qu'elle était l'ange qui viendrait me récompenser ou plutôt me dédommager de l'enfer que ma mère m'avait fait vivre pendant si longtemps.

« Je ne saurais trop bien décrire ce que fut pendant quelques semaines mon bonheur. Jamais je n'aurais imaginé vivre une histoire avec une femme aussi belle et aussi sensuelle. J'étais dans les vapes et je ne pouvais rien faire d'autre qu'être auprès d'Alice et compter les heures, les minutes, les secondes qui me séparaient d'elle.

« Elle m'avait avoué que son mari était jaloux, mais qu'elle tenterait peu à peu de le convaincre. La seule inquiétude que je nourrissais à cet égard est que cet homme qui la possédait autant qu'il le voulait, qu'elle avait choisi pour époux, ne devienne un obstacle entre nous.

« Peu à peu, les choses commencèrent à se passer comme je le craignais. Elle pouvait me voir de moins en moins parce que son mari l'en empêchait. Mon désespoir augmenta jour après jour jusqu'à ce que je me trouve au bord du suicide. Je l'ai tellement suppliée de passer outre ce refus que j'ai même envisagé le meurtre pour me débarrasser de mon rival.

« Un jour elle me dit que son mari voulait me rencontrer, qu'il avait fini par admettre notre amitié. Au début, les choses se sont bien passées et il a été assez sympathique avec moi. Je venais chaque soir quand les enfants s'étaient endormis et on discutait de plein de choses. Puis il allait se coucher et me laissait Alice pour moi tout seul. Elle avait chez elle une petite chambre dans laquelle nous nous cachions pour nous livrer à notre passion débordante. Elle me disait que son mari acceptait car depuis quelques années il ne la touchait plus.

« Quelque temps plus tard, ils m'ont proposé de passer les vacances de Noël avec eux, dans une maison qu'ils avaient achetée près de la Suisse. Le premier soir, Alice est venue dans ma chambre après le dîner pour coucher enfin avec moi mais, au milieu de nos ébats, le mari est apparu et j'ai eu très peur. Il m'a fallu très peu de temps pour comprendre que je m'étais trompé parce qu'il venait en connaissance de cause. Il voulait regarder ce que nous étions en train de faire. Après, Alice est partie, me laissant seul avec lui. C'est alors qu'il m'a dit que, pour que je puisse continuer mes relations avec sa femme, il fallait que j'accepte de coucher avec lui. Il aimait les jeunes hommes de mon âge et, pour me rassurer, il m'a dit que je n'aurais pas de gros efforts à faire et que je finirais par m'habituer. Il m'a avoué qu'Alice était au courant et qu'elle avait accepté ce marché. Il ne restait donc que moi pour consentir à cette situation humiliante. (Pleurs.)

« J'ai essayé de penser qu'Alice ne faisait cela que par sacrifice pour moi. Comme elle ne pouvait se passer de moi, elle avait accepté cet accord et ce devait être pour notre bien. Mais ces pensées ne me délivrèrent pas du dégoût que j'ai ressenti lors de ses premiers assauts, ni lors des deuxièmes et des troisièmes. D'abord, pendant qu'il saccageait mon corps, je tentais de penser à Alice, mais la situation m'était si insupportable que je ne pouvais pas m'empêcher de vomir lorsque cette brute partait. Puis la répétition journalière de ces actes m'a mis dans un état d'apathie chronique. Qui plus est, Alice venait me voir de moins en moins, prétextant chaque jour une autre souffrance, et je ne couchais, en somme, qu'avec son mari. Mais j'attendais patiemment parce que j'aurais pu tout faire pour être avec elle. (Pleurs.)

« Le temps passant, nous sommes rentrés à Paris et la situation a continué de la même façon que dans la maison de campagne. Alice ne couchait plus avec moi, mais le seul fait de la voir, d'entendre sa voix suffisait pour que je supporte tout, y compris le désir immonde de son mari.

« Au bout de six mois où j'endurais ces tortures systématiques, il en a eu marre de moi, je ne sais s'il faut dire par bonheur ou par malheur. Il m'a "informé" que je ne l'excitais plus, et depuis il fut inutile d'essayer de revoir Alice. Elle refusait de me parler au téléphone, elle ne répondait plus à mes messages. Mon état empirait jour après jour, surtout avec cette expérience homosexuelle à laquelle j'avais fini par m'habituer avec le fatalisme d'une épouse de jadis.

« Un jour, je me suis décidé à l'attendre en face de chez elle pour avoir une explication. Je l'ai vue arriver avec un jeune homme de mon âge et ma jalousie fut horrible. Je l'ai prise par le bras avec une certaine violence et le jeune homme me frappa si fort que j'en perdis trois dents. J'ai alors entendu Alice dire à son chevalier servant : "Laisse tomber, ce n'est qu'un pédé." Après avoir entendu cette phrase, je me suis évanoui au milieu de la rue, une voiture m'a écrasé et il a fallu plus d'un an pour que je récupère l'usage de mes membres.

Cela fait environ six ans que cette histoire a eu lieu, mais je n'arrive pas à la dépasser. Depuis, je n'ai fréquenté que des hommes qui ressemblent à son mari, c'est la seule solution que j'ai trouvée pour me sentir près d'Alice, pour continuer à être avec elle. »

Analyse psycho-politique

Voilà donc cette histoire extraordinaire qui illustre à merveille les façons de faire des pervers « vampires ». Mon patient, comme on peut le voir, continue à être manipulé par son ancienne maîtresse, comme si elle avait voulu lui imprimer une marque de son emprise sur lui. Quel était le but de cette Alice ?

La typologie de cette femme me semble celle d'une perverse « vampire » romantique qui cherche des stratégies pour faire durer la dépendance que crée l'état amoureux, se débrouillant pour que ses proies continuent à être assujetties une fois qu'elle les a abandonnées. Comme si elle voulait laisser une cicatrice énorme à ses conquêtes pour qu'elles lui appartiennent pour toujours. Pour arriver à cela, il faut qu'elle les transforme au point de faire d'un hétérosexuel un homosexuel. Car il faut dire que, lorsqu'on voit Louis G., on peut difficilement le considérer comme un hétérosexuel, mais cela même est un résultat des manipulations d'Alice, car auparavant c'était sans doute un garçon parfaitement normal. Cette façon de faire, c'est-à-dire de s'attaquer au noyau de l'identité d'autrui, en l'occurrence à son orientation sexuelle, est une stratégie que j'ai retrouvée chez bien d'autres pervers, pour élargir leur clientèle amoureuse, pour se vanter d'avoir obtenu le sacrifice ultime chez l'autre, pour affirmer leur puissance en profitant de l'état de fragilité dans lequel l'amour plonge leurs victimes. Ce cas est particulièrement intéressant pour illustrer aussi comment nos cerveaux et toutes nos infrastructures psychiques sont ouvertes au mal, susceptibles de porter non seulement les traces de souffrances terribles, mais aussi de subir de véritables transformations dans la physiologie même du désir. On pense que notre orientation sexuelle se décide très tôt, dans la petite enfance, que ce n'est que pendant cette période de la vie que nous sommes vulnérables. Mais non, nous le sommes tout au long de la vie ! Le complexe d'Œdipe ne se ferme jamais ! C'est la raison pour laquelle la protection des individus dans leur sphère psychique est aussi importante que la protection que l'on accorde à leur corps ou à leurs biens.

Il était clair que la guérison de Louis G. devait passer par son retour à l'hétérosexualité. Notre thérapie, qui a duré cinq ans, se terminant, comme vous le verrez, de la manière la plus inouïe qui soit, a eu pour objectif de lui faire comprendre ce qui s'était passé quant à son orientation sexuelle afin de lui permettre de reprendre goût aux femmes. Il a fait plusieurs tentatives qui n'ont pas duré longtemps et, chaque fois, il est retombé dans les bras d'un vieil homosexuel sadique comme le mari d'Alice.

Toutefois, un jour, des perspectives précieuses se sont ouvertes à moi qui sortent quelque peu de l'ordinaire. Nous étions à un moment où la guérison semblait emprunter le bon chemin et, ce jour-là, Louis G. a commencé à se plaindre de maux de tête, de nausées, accompagnés d'une inexplicable déprime. Il se plaignait, en outre, d'une incommodité curieuse. Il disait que sa langue avait grossi et qu'elle ne rentrait plus dans sa bouche. Par réflexe médical, j'ai attribué ces symptômes à une conversion hystérique. Mais, alors que j'essayais de lui faire comprendre que ses sensations ne correspondaient à rien de réel, il s'est mis à cracher ses dents, les unes après les autres, sous la pression que sa langue devenue énorme exerçait sur elles. Je lui ai donc demandé d'ouvrir la bouche et j'ai vu la taille immense de sa langue, qui commençait à l'empêcher de parler. J'ai immédiatement fait venir Mme Deauville, afin qu'elle constate ces phénomènes paranormaux. On l'a attaché au divan en attendant que sa langue reprenne sa taille normale. Il a commencé à parler d'une voix bizarre, non pas rauque comme celle du démon des phénomènes de possession de jadis mais, au contraire, d'une voix douce et caressante de femme, celle d'Alice. Elle me disait « connard », « sale docteur », « va te faire foutre », « va te faire mettre », et d'autres horreurs que je ne transcrirai point.

Mme Deauville s'est alors évanouie, et c'est heureux, car cela lui a épargné de contempler le pire. Tandis que Louis G. se battait pour survivre, sa langue sortait et faisait des tours autour de son cou comme un foulard ou un serpent. Il a failli être étranglé avant que je réussisse à adoucir la pression que cet organe monstrueux exerçait sur son cou. Mais la langue résistait et m'a projeté au plafond.

C'était la première fois qu'un événement de ce type se produisait dans mon cabinet, et ce fut la dernière. Je n'ai jamais osé publier ne serait-ce qu'une ligne sur ce qui s'est passé ce jour-là, de peur qu'on ne me traite de fou. Mais cet événement montre à quel point Alice était vaniteuse, à quel point elle avait fait preuve de vantardise. Les autres pervers sont pour la plupart plus modestes.

Je me suis alors dit que, pendant des siècles, on avait attribué à des phénomènes surnaturels ce qui ne relevait que de problèmes d'emprise, de perversion pure et simple. J'en avais eu la preuve sous mes yeux. Je me suis donc souvenu de la phrase prophétique d'Alexandre Dumas qui ouvre la préface de sa nouvelle *Herminie* : « Un des plus grands malheurs de la vérité, c'est d'être invraisemblable. C'est pour cela qu'on la cache aux rois avec la flatterie, et aux lecteurs avec le roman... » Que devais-je donc faire de ce que je venais d'apprendre ? J'étais sûr, ayant la preuve de la possession, du fait que les individus étaient directement agis par d'autres, que leur corps et toute leur puissance spirituelle n'étaient que l'instrument d'une volonté étrangère, qu'on ne pouvait pas laisser notre ordre social en place. L'être de Louis était une sorte de gant, de chaussette, qu'Alice se permettait d'occuper de temps à autre comme si c'eût été son patio, sa voiture ou son propre corps. Il fallait que les tribunaux intègrent d'une manière laïque et scientifique ce savoir, afin que des innocents ne soient pas condamnés à la place de leur manipulateur et que les maux physiques dont ils sont atteints ne soient pas attribués au hasard, à la nature ou à des prédispositions génétiques.

À son réveil, Louis G. n'avait plus de dents et il avait oublié tout ce qui s'était passé, nous accusant, Mme Deauville et moi, d'être fous lorsque nous essayâmes de lui raconter la vérité. Après quoi, il n'est plus revenu et il a pris la peine de dissuader certains de mes patients potentiels de le devenir. En réalité, ce n'était pas lui, mais Alice. Il était normal que les choses se passent ainsi car nous l'avions « découverte ». C'était au moment même où nous étions sur la voie de la vaincre avec une excellente psychothérapie qu'elle est revenue avec une puissance redoublée pour marquer son territoire. Je suppose que, à partir de ce moment-là, Louis G. est devenu directement son agent, prêt à capturer de nouvelles proies pour le compte de sa bourrelle.

J'ignorais alors le prix de la vérité, mais on ne tarda pas à me le faire payer et, comme vous le verrez, au prix fort.

Transformations, métamorphoses, possessions

Parfois les pervers « vampires » cherchent moins le suicide des victimes que l'envahissement de leur âme. On entre ici dans une sorte d'art sophistiqué du mal, leur but étant que les victimes restent en vie mais complètement transformées, contaminées, occupées, selon les circonstances. Leur fierté est, entre autres, non seulement de compter le nombre de proies qu'ils ont contaminées, mais de raffiner les formes par lesquelles toute leur vie durant, bien après que la relation est terminée, elles seront occupées par les intentions malveillantes des bourreaux.

Jusqu'à présent j'ai pu recenser trois types de formes de ces emprises, mais l'on sait que le Mal que les pervers incarnent peut chercher à chaque fois d'autres voies d'expression. Ils sont des artistes du Mal et, comme tous les artistes, ils ajoutent à ce qui se fait leur petite ou leur grande originalité.

Le première forme que j'ai pu recenser est la transformation de la victime dans son identité même. Cela peut se manifester soit par une perte de mémoire, soit par un changement d'orientation sexuelle, soit encore par une transformation totale de la personne atteinte dans ses relations sociales, familiales ou professionnelles.

La deuxième est la production dans son corps des séquelles de la sujétion. Celles-ci peuvent se manifester sous la forme de stigmates physiques comme des scoriations – marques faites soit directement par la proie sans s'en apercevoir, soit par un contrôle que son psychisme peut exercer sur sa propre peau : on sait que la peau, cette superficie capturée par l'amour plus que toute autre partie du corps, est particulièrement investie par la sujétion amoureuse –, soit par l'apparition de certaines maladies comme le cancer que la médecine traditionnelle n'arrive pas complètement à mettre sur le compte d'une étiologie psychique. Tout cela semble d'autant plus scandaleux que les chercheurs ne trouvent pas le phénomène déclencheur des cancers et qu'ils se refusent à considérer l'hypothèse psychique et surtout celle de la sujétion amoureuse comme origine de ce type de mal.

Enfin, on peut trouver de véritables phénomènes d'« occupation » de la victime par le pervers. Cela se manifeste par une utilisation de son corps et de sa vie psychique, la proie devenant son satellite. Désormais, si jamais elle capture quelqu'un, cela sera fait pour le compte du pervers qui l'a capturée, elle. Il se crée ainsi de véritables réseaux de proies qui se comportent comme des pervers, tout cela afin que le premier pervers accroisse sa puissance. Cette contagion qui continuera à faire non seulement de nouvelles victimes, mais aussi de nouveaux pervers, semble sans doute la plus inquiétante. Car le pervers démultiplie, ce faisant, sa puissance. Qui plus est, ces réseaux de pervers ont à l'heure actuelle, grâce à Internet, un véritable havre. Un journaliste français très courageux, qui a voulu alerter les pouvoirs publics sur ce terrible danger que les nouvelles technologies autorisent, fut à tel point ridiculisé par tout le monde qu'il lui a fallu utiliser mes contacts pour trouver un petit éditeur prêt à publier son ouvrage[1] dont, bien entendu, personne n'a dit un mot. Dans cet ouvrage, il rend compte de sa découverte un peu hasardeuse des sites dans lesquels les pervers identifient de nouvelles proies avec non seulement des photos, mais aussi leurs adresses, voire leurs numéros de téléphone. Car, comme cela a toujours été le cas, il est plus facile d'assujettir des personnes qui traversent des crises familiales, professionnelles ou qui dépriment. Il en

1. Philippe Le Couette, *Les Réseaux des pervers amoureux et leurs complices*, Paris, éd. du Phare du Matin, 2001.

était déjà ainsi lorsque jadis le diable capturait ses proies[1]. Ces sites macabres sont déguisés en des sortes d'agences matrimoniales internationales, sauf que, bien entendu, à la différence d'une agence matrimoniale traditionnelle, ce ne sont point les proies qui donnent leurs coordonnées mais les pervers, afin que d'autres pervers puissent s'en emparer.

Tout cela est bien compliqué, je l'avoue. D'autant que les découvertes faites jusqu'à présent sont parcellaires et qu'une véritable cartographie de l'emprise des pervers amoureux n'a pas été réalisée jusqu'à présent pour une raison bien simple. Tant que la justice ne prendra pas en main ces situations, on n'aura pas un échantillon représentatif disponible pour des experts en psychisme afin d'explorer d'une manière plus accomplie ce type de comportement, comme cela a été fait pour les autres cas de perversion, qu'il s'agisse des pervers meurtriers comme les serial killers ou des pervers sexuels. Tant que cela ne sera pas fait, ces phénomènes resteront réduits au silence, certaines proies ou leur famille cherchant de l'aide chez des voyants ou des sorciers, lesquels ajouteront à l'emprise perverse leurs escroqueries. La magie et la sorcellerie ne peuvent rien contre ces individus

1. Voir Tobie Nathan et Jean-Luc Swertvaegher, *Sortir d'une secte*, *op. cit.*

qui agissent entièrement par des phénomènes d'emprise psychique. C'est sur ce problème qu'il faut concentrer les efforts scientifiques afin de ne point retomber dans les égarements du passé. Car, si nos ancêtres ont vu juste lorsqu'ils se sont mis à pourchasser les sorcières, ces perverses de jadis, ils l'ont mal fait et du même coup ils se sont entièrement déconsidérés pendant des siècles. *Nous avons désormais la psychologie, qui peut rendre compte des mêmes phénomènes et leur apporter enfin de vrais remèdes.*

La punition pour ce type de pervers doit aussi être adaptée. On ne peut pas penser qu'après les avoir laissés en prison pendant quelque temps ils sortiront délivrés de leur mal. On peut être certain qu'ils frapperont de nouveau. Il faut donc mettre en place une méthode proche de celle que l'on a utilisée pour les criminels sexuels. Un suivi après la peine, un suivi à vie, ainsi qu'un fichier avec leurs empreintes génétiques, de même que des techniques pour qu'ils soient reconnaissables par tout un chacun, comme les bracelets électroniques. Pourtant, la question qui se pose est de savoir, au moment de décider de la peine, comment reconnaître un pervers occasionnel d'un pervers « vampire ». Une possibilité est de les traiter au cas par cas. Mais ne prendrions-nous pas trop de risques en agissant ainsi ? Les dangers que nous encourons si jamais nous nous trompons n'exigent-ils pas qu'on les traite de la même façon, comme s'ils étaient tous des pervers « vampires » ? Ne vaut-il pas mieux que, dans ce cas de figure, nous nous servions du fameux principe de précaution ? Question ouverte, question terrible, à laquelle on devra donner tôt ou tard une réponse.

Huit

Voici donc la partie la plus problématique de ces cas cliniques parce qu'il s'agit du mien. Je pourrais dire, même, que ma propre tragédie sentimentale est, en réalité, la véritable raison qui m'a poussé à léguer ces réflexions post mortem sur l'amour. De toute façon, il serait difficile aujourd'hui de prendre la mesure d'un problème de ce type sans en avoir été soi-même victime. Tout problème que l'on n'a pas ressenti dans sa propre chair est abstrait, y compris lorsqu'on fait de la souffrance psychique son métier, comme c'est le cas des thérapeutes.

Pourtant, il est difficile de dire où commence ma tragédie sentimentale. Ne commence-t-elle pas avec celle de ma mère ?

Tout le monde l'a oubliée aujourd'hui mais, à l'époque, elle était une grande pianiste. Après la guerre, comme elle avait été molestée pendant l'Occupation, elle n'a pas su pardonner sur le coup et elle a émigré aux États-Unis, où on lui avait proposé des contrats très importants.

Lorsque la guerre éclata, elle avait vingt-cinq ans à peine et elle tomba amoureuse d'un très bel homme qui, semble-t-il, a voulu profiter des connaissances et des contacts de ma mère pour infiltrer un réseau d'espionnage prosoviétique. Ma mère, c'est vrai, avait des sympathies politiques qu'aujourd'hui on qualifierait d'« intolérables » et, dans le fond, elle a bien fait de partir. Mais, lorsqu'elle décida d'émigrer, son seul souci était d'oublier la tromperie de ce bel homme qui pendant presque trois ans lui avait fait croire qu'elle était l'amour de sa vie, jusqu'à ce qu'elle fût arrêtée par la Gestapo. Elle comprit alors qu'elle avait été à ses dépens une collaboratrice du célèbre Orchestre rouge. Elle a failli y passer mais, grâce à ses contacts, elle a réussi à s'en sortir. Personne ne sait où lui partit, mais on croit que cet escroc a fini par se faire arrêter par la police de Staline, comme beaucoup de ses camarades. Ma mère quitta la France aussitôt, où chaque chose lui rappelait son faux amoureux, qui n'a jamais par ailleurs essayé de la contacter après son arrestation pour s'en excuser. Aux États-Unis, ses succès éclatants l'ont aidée à oublier cet amour affreux. Elle parlait l'anglais couramment et presque dix autres langues. C'était une femme géniale et d'une beauté inégalable.

C'est à New York qu'elle a connu mon père, André Achille Jamet, qui donnait des cours à Princeton pendant un semestre. Il tomba fou amoureux de ma mère et elle, semble-t-il, avait trouvé en lui un moyen de ne plus penser à son histoire précédente. Elle voulait refaire sa vie, oublier le passé, et le calme et l'amour sans conditions que mon père lui offrait étaient vitaux pour elle. Ils se marièrent aussitôt. Je suis né immédiatement après, alors que mon père attendait avec impatience l'arrivée de ma mère à Paris, où ils avaient décidé de s'installer. Mais, tandis qu'elle s'apprêtait à partir, elle eut une maladie étrange qui la cloua au lit quelques semaines. C'est à ce moment-là, pendant sa maladie, qu'elle fit connaissance de l'homme qui allait détruire sa vie. C'était un médecin de quartier sans fortune et sans avenir à qui elle avait fait appel le soir où elle avait commencé à sentir ses premiers malaises. Il se sentait bien diminué auprès de la beauté, de la célébrité et de la fortune de ma mère. Elle, selon ce que j'ai appris par la suite, lorsqu'elle l'a vu, est tombée dans une sorte de syncope. Elle eut la conviction immédiate que c'était l'homme que le destin avait inventé pour elle, dès sa naissance. Une de ses amies de l'époque a dit que la longueur de sa convalescence fut très liée à cette passion coupable qui l'avait mise dans un dilemme existentiel très lourd car elle venait de se marier et de me mettre au monde.

Au bout de quelques semaines d'amour fou, où elle m'a fait garder par une amie proche, ma mère décida d'annoncer à mon père la vérité, de divorcer, et de m'envoyer en France. Mon père, qui était un homme droit, ne fit point d'esclandre, même s'il était toujours amoureux d'elle. Il pensait que le simple fait de ma présence auprès de lui finirait par la faire revenir et c'est pour cette raison qu'il refusa le divorce. Mais les choses ont été bien plus compliquées que cela. Son amour pour ce médecin de quartier devint de plus en plus fou, de plus en plus passionnel. Il en profitait pour la faire souffrir, paraît-il, par des méthodes de plus en plus raffinées, car il aurait eu du mal à supporter leur différence de classe. Il avait des aventures avec toutes les femmes de ménage de ma mère et il lui aurait même transmis la syphilis. Elle, un peu pour ne pas voir la situation, les licenciait les unes après les autres, les accusant de provoquer son amant. Puis il avait séduit chacune de ses amies, même les plus laides et les moins intéressantes, éloignant ma mère de toutes ses connaissances. La célébrité de ma mère le grisait et l'exaspérait et il voulut se venger auprès d'elle de toutes les humiliations qu'il avait subies dans sa vie, comme il arrive à tant des gens démunis lorsqu'ils ont la chance de se retrouver avec quelqu'un qui symbolise le monde qui les a toujours rejetés. Un été, ma mère devait se rendre en Floride pour un concert et elle lui demanda de venir la voir pour un week-end. Lui, au début, pour la torturer, lui avait dit qu'il ne voulait pas venir, mais elle a tellement insisté que finalement il accepta. C'est alors que, pour punir ma mère d'avoir tant insisté, il conçut un stratagème atroce. Pendant qu'elle l'attendait à l'hôtel, il a envoyé un télégramme signé sous un faux nom disant qu'il était mort d'une crise cardiaque pendant le vol, que ses problèmes de santé devaient être antérieurs à cet accident et qu'il n'aurait jamais dû prendre un avion compte tenu de son état de santé.

Lorsque ma mère lut la nouvelle, elle ne douta pas une seconde de sa véracité et se sentit si coupable et si meurtrie par la perte de ce qu'elle tenait pour l'amour de sa vie qu'elle se suicida en se jetant par la fenêtre. Le type disparut pendant un certain temps et, quelques mois plus tard, signa un contrat en or pour un livre avec un éditeur de New York où il racontait plein de mensonges sur ma mère, prétendant, en outre, qu'elle avait été une espionne soviétique et que lui l'ayant démasquée, elle aurait décidé de se suicider.

Voilà mon origine, cette blessure terrible que nous avons portée pendant toute ma jeunesse, mon père et moi. Lui a continué à l'adorer toute sa vie. Il s'est pourtant remarié et sa deuxième épouse souffrit terriblement de cette passion qu'il éprouvait à l'égard d'une morte.

J'ai vu jour après jour la souffrance gagner cette femme jusqu'à ce qu'elle commence à déprimer d'une manière de plus en plus sévère. De cette peine est née une fille, qu'ils ont appelée Dolorès, et qui sera un personnage important dans mon drame personnel. Mais je ne vais pas m'étendre davantage sur cette histoire de victimes en chaîne qu'a faites le premier séducteur de ma mère parce que, même si mes propres maux y prennent racine, elle ne suffit pas à expliquer par elle-même ce qui m'arriva plus tard. Ce pervers n'est pas le seul, hélas; des milliers et des milliers d'autres harcèlent ce monde.

Moi, j'avais été éduqué dans un milieu très bourgeois et très attaché aux conventions, notamment grâce à l'éducation que j'avais reçue de mes grands-parents, oncles et tantes, mon père étant trop pris par son travail et par l'adoration posthume de ma mère pour s'occuper de moi. Eux la considéraient comme une sorte de prostituée sans conscience et faisaient comme si tout ce qui lui était arrivé était sa seule et unique faute. C'est ainsi qu'on excuse les pervers, en culpabilisant les victimes. Mais, autrement, tout le monde était très gentil et j'aimais bien ma famille ainsi que ma sœur Dolorès, bien qu'elle fût, comme on peut l'imaginer, une fille assez triste et mélancolique.

Lorsque je devins adolescent, j'ai assez vite compris que j'étais attiré non pas par les filles mais par les garçons. J'avais quinze ans en 1960 et, à l'époque, l'homosexualité était considérée comme une maladie et une perversion très graves. J'ai beaucoup lutté contre mes penchants mais ils étaient impossibles à contrôler. J'ai décidé de me contenter de mes fantasmes et de ne jamais passer à l'acte. Je me suis acharné à poursuivre des études de médecine afin de devenir psychiatre, pensant naïvement que j'allais trouver un remède à mon handicap. Il me semblait indispensable de me marier à n'importe quel prix et j'ai trouvé une femme qui me convenait et à qui je n'ai rien révélé de mes maux. Dieu sait comment, sa fertilité était extraordinaire et en dépit de la rareté de mes fréquentations elle a réussi à faire quatre enfants. J'ignore s'ils sont tous de moi, en vérité. Mais peu importe. Même si je ne les ai pas aimés, car ils me rappelaient mon triste devoir conjugal, je les ai élevés comme s'ils étaient les miens et voilà ce qui compte.

Je suis devenu un très grand psychiatre, mon cabinet était plein, et j'ai rempli les revues spécialisées d'études sur les perversions sexuelles. Personne ne se doutait de rien car heureusement nos pensées sont bien protégées derrière les murs de nos têtes. J'ai vécu pendant de si longues années comme un menteur que je prends ces dissimulations comme de véritables actes de courage. Lorsque j'entends aujourd'hui tous ces imbéciles qui se sentent courageux parce qu'ils s'embrassent dans la rue ou qu'ils racontent leur homosexualité à leurs parents ou à la télévision, qui se prennent pour des stars quand un maire décide de les marier contre la loi, j'éprouve en vérité un certain dégoût. Il est bien plus héroïque de vivre caché, de vivre contre ses propres pulsions, que de se dévoiler dans un monde comme le nôtre. Nous, avant, nous devions résister, et ces désirs étaient des épreuves, des tortures constantes. Nous savions bien ce que voulait dire « privé » lorsque ce mot était accolé au mot « vie », alors qu'aujourd'hui cette notion n'a d'épaisseur pour chacun que dans la mesure où elle peut être rendue publique et télévisée. Mon secret me donnait l'illusion d'exister, d'être un individu ne ressemblant à aucun autre. Mon sentiment de culpabilité, loin de ne me rendre que malheureux, me donnait aussi un étrange sentiment de liberté. D'une part j'étais un psychiatre affirmant que l'homosexualité était une maladie guérissable et, d'autre part, j'étais le malade. Et puisque je ne pouvais me guérir en dépit de mes efforts, j'étais à mes yeux non seulement un mauvais psychiatre, mais aussi un homosexuel dont la maladie résistait aux savoirs les plus raffinés : les miens. J'étais l'homme le plus homosexuel de la terre puisque j'étais aussi le meilleur psychiatre, le seul à qui je pouvais confier ma guérison impossible. Je crois que dans un monde comme le nôtre où chacun peut revendiquer ses maladies comme des droits, et où le fait de ne point les étaler devient suspect, on ne ressentira jamais les vertiges qui furent les miens en ces temps reculés. Car, pour moi, la seule idée de parler à quelqu'un me semblait si terrible que j'étais devenu l'homme le plus seul au monde, le plus délicieusement seul, faut-il ajouter, car personne n'avait de prise sur mon existence. Mais voilà que, avec le relâchement progressif des mœurs, mon héroïsme s'est un peu relâché lui aussi et que j'ai rencontré André lors d'une conférence que je donnais à l'hôpital Sainte-Anne, il y a à peu près trois ans.

Je n'étais point jeune, je le sais. J'avais déjà plus de cinquante ans, ce qui constitue un véritable handicap dans les relations entre les hommes. Sur ce marché, on n'aime que ce qui est beau et jeune, et il est vrai que je n'étais un modèle ni de beauté ni de jeunesse. Je m'étais conformé plus ou moins au style hétérosexuel classique et je n'avais fait pendant ma vie aucun effort pour cultiver mon physique. André était un jeune médecin qui faisait son internat en psychiatrie, domaine où j'avais une grande influence, suffisante, presque, pour compenser quelque peu mes autres désavantages ; il était, par ailleurs, très ambitieux et prêt à tout pour réussir sa carrière. À la fin de ma conférence, il est venu me dire à quel point il admirait mes ouvrages et qu'il serait ravi si j'acceptais qu'il m'envoie un des articles qu'il venait d'écrire afin de savoir s'il méritait d'être publié dans la revue de psychiatrie que je dirigeais. Il était si beau et si séduisant que j'ai eu un sursaut cardiaque au moment où il me parlait, et je n'ai pas pu lui refuser quoi que ce fût. Mes muscles se sont relâchés à tel point que je suis tombé par terre avant de quitter l'hôpital. Son parfum m'a suivi pendant quelques heures et, de retour chez moi, je me souviens que j'ai dit pour la première fois bonjour à mes voisins, qui étaient des gens bruyants et vulgaires. L'amour rend si mou et si optimiste que l'on peut devenir gentil avec tout le monde par le seul fait que les autres perdent tout intérêt à nos yeux. On pourrait tout aussi bien les pendre devant nous que nous ferions le même sourire béat et complaisant.

Quelques jours plus tard, je recevais par la poste son article qui était décidément trop mauvais pour que je le publie. Comme il avait joint son numéro, je lui ai téléphoné aussitôt pour lui dire qu'il fallait refaire ce texte en lui donnant quelques indications. Il m'a demandé s'il était possible de prendre un café avec moi pour qu'on en parle de vive voix. Par une imprudence incroyable, j'ai accepté et voilà que mon destin était désormais scellé. Il s'est très vite rendu compte de mes pulsions, on s'est mis à parler de la question homosexuelle et il m'a fait part de ses impressions concernant les préjugés qui subsistaient encore dans le milieu de la psychiatrie. On a discuté pendant trois heures et je me suis aperçu que j'étais tombé si follement amoureux que je n'arrivais même pas à respirer. Il m'a téléphoné encore le lendemain pour qu'on prenne un nouveau rendez-vous et cette fois-ci j'ai craqué. Il m'a proposé de nous retrouver chez lui sous un prétexte quelconque et on a couché ensemble. *C'était la première fois de ma vie que je couchais avec un homme* et je me suis retrouvé dans les nuages.

C'est ainsi que cette horrible histoire a commencé, douce comme un poison, de la même manière que celle qui a dû arriver à ma pauvre mère. Pendant toute ma tragédie j'ai été traversé par une inexplicable sensation de répétition, même si les deux histoires n'ont pas, dans le fond, grand-chose à voir l'une avec l'autre.

André n'avait de cesse de me demander des choses. Je l'ai introduit partout, j'ai même écrit un livre à sa place qui lui a valu une célébrité internationale. Mais, une fois qu'il a obtenu tout cela, il commencé à me tourmenter. Il s'est mis à sortir avec des hommes encore plus jeunes que lui et il me présentait à eux comme son vieil oncle, et une fois même comme son grand-père. Il ne voulait plus coucher avec moi et monnayait la moindre rencontre. Il m'a enfin dit que son comportement avec moi était dû au fait que je cachais notre relation, qu'il fallait que je l'annonce à ma femme et au restant de ma famille. Que, tant que je n'aurais pas fait cela, je pourrais l'oublier à jamais. J'ai résisté un certain temps, mais son corps, son parfum, sa peau étaient devenus pour moi une obsession si horrible que j'ai fini par céder.

D'abord, je l'ai dit à ma sœur Dolorès, qui était devenue une sorte de triste vieille fille. Lorsque je lui ai raconté, elle s'est mise à pleurer, elle a fait une véritable crise, m'avouant qu'elle aussi était homosexuelle, que désormais elle s'apprêterait à vivre selon ses penchants et que, comme tout était la faute des parents, elle allait leur dire immédiatement. Mais, ne se contentant pas de le dire pour elle, elle a aussi parlé de moi et mon père se suicida le lendemain, laissant une lettre déchirante dans laquelle il accusait ma mère de ma « dégénérescence », révélant, en même temps, qu'elle m'avait conçu avec l'espion russe et non pas avec lui. L'homosexualité de ma sœur ne semblait pas lui poser problème, car, en vérité, il n'avait jamais rien attendu d'extraordinaire de sa part.

Dolorès, qui était comme folle de joie, s'est trouvé une copine assez rapidement et c'est elle qui a tout annoncé aussi bien à ma femme qu'à mes quatre enfants. À cause de l'éducation qu'ils ont reçue de moi, qui expliquait que l'homosexualité était une horrible maladie mentale, ils m'ont désormais rejeté comme un lépreux. Ils ne voulaient plus me parler ni me voir. Mais moi, la seule chose qui m'intéressait était de récupérer André, ma vie dût-elle être par la suite complètement détruite.

Lorsque j'ai dû me confronter avec ma femme, elle s'est montrée plutôt compréhensive et elle m'a dit qu'elle n'était pas prête à me quitter, qu'elle m'attendrait le temps qu'il faudrait. Mais pour André, cela n'était pas suffisant. Il fallait que je la quitte au plus vite pour pouvoir mener avec lui une vie « normale ». Je l'ai enfin fait et, rejeté par mon entourage, je me suis installé dans un petit studio, à l'attendre. C'est à ce moment-là qu'il m'envoya une lettre pour me dire que c'était trop tard, qu'il était tombé amoureux de quelqu'un d'autre, que je l'avais trop fait souffrir. Toutes mes tentatives furent inutiles. Je me suis mis à boire, à sortir tous les soirs, à dépenser mon argent avec les prostitués des rues. Je vivais mon homosexualité, il est vrai, comme il le souhaitait, mais j'étais devenu l'acteur d'un cauchemar qui n'était pas près de se terminer. Par quelque ruse du destin, j'ai dû être hospitalisé à Sainte-Anne pendant un certain temps, là où il m'avait ensorcelé la première fois. C'est alors que j'ai commencé à nourrir le projet de le tuer avant de me donner la mort. Mais ma femme est venue me chercher, me promettant de tout oublier et de m'aider à en faire autant. J'ai bien sûr accepté et, peu après, il m'envoya une carte pour me dire encore que je n'avais jamais eu la moindre intention de quitter ma femme et qu'il avait bien fait de se « protéger ».

Les choses ne se sont pas arrêtées là, hélas. Cette fin aurait été trop belle, trop réussie à son goût.

Lorsque je me fus rétabli quelques mois plus tard, j'ai pris en thérapie un jeune homme de dix-huit ans qui était homosexuel. Ses parents ayant lu mes anciens écrits sur cette question et la possibilité de la guérir avaient décidé de me l'envoyer pour que j'en fasse « quelque chose ». Mais le jeune homme non seulement ne faisait rien pour guérir mais de surcroît tomba fou amoureux de moi. Le pire est qu'il était beau, beau comme un dieu, et il me distrayait enfin d'André. Lorsque je ne pus plus résister à ses avances, je lui dis que notre relation thérapeutique était terminée. Je ne sais pas comment le hasard a enchaîné les événements, mais il croisa André sur son chemin, probablement dans l'un des cafés gays du Marais qu'ils fréquentaient tous les deux. C'est alors qu'il a convaincu le jeune homme de porter plainte pour viol, ce qui arrive malheureusement souvent aujourd'hui lorsqu'un médecin ou un thérapeute ont un différend avec un patient. Le procès dura deux ans et finalement il y eut un non-lieu. Cela n'a pas empêché que je sois radié de l'ordre des médecins, et je ne peux plus exercer mon métier. Mme Deauville, déjà à la retraite, même si elle n'avait jamais douté de moi, est morte de tristesse quelques semaines après ce verdict. Entretemps, ma femme, qui m'a pris pour un vrai violeur, a demandé le divorce pour faute, les juges m'ont fait porter les torts exclusifs de la rupture et je suis resté sans un sou. Depuis l'apparition de mon cancer, dernier stigmate qu'André a laissé dans mon corps, j'habite chez ma sœur Dolorès qui ne cesse de me dire que tout ce qui m'arrive n'est rien comparé au fait que j'aie enfin osé « sortir du placard ». Puis, comme c'était prévisible, André a pris ma place au poste de professeur de psychopathologie que mon expulsion a laissé vacant. Ma femme lui a vendu mon cabinet, dans lequel il exerce désormais .

Depuis, malheureusement, je n'ai plus entendu parler d'André, sinon par les journaux et parfois même à la télévision où il est présenté à la place qui était jadis la mienne, celle du plus grand psychiatre français vivant. Pis, je viens d'apprendre qu'on lui a proposé une émission de radio à une heure de grande écoute où les victimes de perversions et manipulations viendront raconter leurs maux.

Analyse psycho-politique

Mon cas n'est point différent des autres, ma foi ! Et, pourtant, il me semble tellement plus énorme ! Car, en faisant disparaître quelqu'un comme moi, ce n'est point seulement un homme de moins, un homme en moins, englouti par la fureur perverse. Il ne s'agit de rien d'autre que du seul individu qui osa d'une manière scientifique briser cette loi du silence pour mettre fin à un monde que tout un chacun ne cesse de fêter.

Je me demande donc, dans les douleurs finales, enfermé dans ce corps devenu un instrument de torture, jusqu'à quel point mes découvertes sont liées à ma triste disparition. Combien de pervers « vampires » ont compris que j'étais leur plus grand ennemi ? Comment ne pas penser qu'André n'a été que l'un de leurs délégués, que c'était le bourreau destiné à exécuter une décision prise par une assemblée générale et internationale des pervers ?

Quel pire ennemi que moi, qui avais à peu près tout compris de leurs techniques de destruction, de leur manière de faire, des dégâts qu'ils commettent dans la population innocente ? André a rempli sa mission de façon très efficace. Il a réussi par la sujétion amoureuse à me faire taire et à occuper ma place. De cette manière il va pouvoir continuer à véhiculer cette propagande sanglante selon laquelle il faut distinguer la vraie passion de la perversion et contribuera ainsi à précipiter nos sociétés occidentales dans l'abîme. Pour se représenter le monde qui en résultera il faut faire un effort d'imagination. Si la perversité « vampire » continue à se répandre, il y aura dans le monde de plus en plus d'individus contaminés par le Mal, ils finiront par rendre l'ensemble de la population malade, et cela deviendra par la suite une lutte entre pervers pour avoir plus de satellites, plus d'influence. Il y aura des rois, des empereurs, des monopoles, et c'est ainsi que, définitivement, l'économie aura raison de toutes les autres formes de relations humaines. *Le capitalisme sera psychique et non pas seulement économique*. La phase finale ne sera pas celle d'un monde où les pervers tenteront de contaminer ceux qui ne le sont pas, mais une bataille entre eux, une montée aux extrêmes des impérialismes pervers. Puis ils essaieront d'envahir les autres pays, de faire en sorte que la perversité amoureuse soit mondialisée, les pays pauvres fournissant la plupart des proies, celles-ci étant psychiquement les plus démunies. C'est ainsi que l'exaltation de l'amour en finira avec toutes les formes de l'amour.

C'est pour cela que le moment est venu d'une régénération de notre civilisation, d'une reprise en main de la société par d'honnêtes gens qui songent au bien commun, à la nécessité que l'espèce humaine ait un autre et plus bel avenir que celui que lui promettent les pervers.

L'histoire me jugera.

Postface à la deuxième édition par le sénateur Roland Cointreau

Il est des livres qui produisent l'effet de la foudre sur nos consciences. Quelqu'un dit haut et fort ce qui rongeait nos âmes depuis des années et des années mais que nous ne pouvions pas organiser par nous-mêmes. Quelqu'un dit haut et fort ce que nous pensions dans notre coin tout bas mais que nous n'osions pas prononcer de peur d'être incompris ou tout simplement ridiculisés par nos contemporains. Pourquoi ? Par le poids de l'ignorance, des préjugés, par des silences que nous nous sommes imposés afin de continuer, attachés à des traditions injustes et meurtrières. Il y a beaucoup d'exemples de ce type, à commencer par *L'Archipel du Goulag*, d'Alexandre Soljenitsyne. Combien de ceux qui se disaient communistes ont changé d'avis à la suite des révélations qui y étaient contenues ? Je ne voudrais pas m'attarder ici sur des exemples plus récents, mais le livre de Marie-France

Hirigoyen de même que celui de Christophe Dejours[1] ont été les étincelles qui ont permis la prise de conscience massive de l'existence de ce mal ordinaire et sanguinaire qu'est le harcèlement moral dans les entreprises. Combien de gens dont le malaise diffus ne trouvait pas de voie pour s'exprimer, combien de souffrances aplaties dans un silence aussi incompréhensible que coupable, ont enfin trouvé dans ces livres les clés aussi bien de leur intelligibilité que de leur résolution ?

Un phénomène analogue mais beaucoup plus profond et fondamental a eu lieu avec ce magnifique ouvrage du professeur Jean-Luc Jamet dont la première édition a vu le jour en janvier 2005. Vendu à un nombre d'exemplaires impressionnant, traduit en vingt-cinq langues, ce livre a suscité une prise de conscience massive des ravages de la sujétion amoureuse. On a même dit que ce fut le livre le plus commenté par les médias, aussi bien par la presse écrite que par la télévision et la radio, depuis dix ans. De nombreuses émissions émouvantes et vraies furent consacrées à ce problème, et très vite se sont constituées trois grandes associations de victimes de l'amour à Paris, à Lyon et à Marseille. Corrélativement fut créée une Fondation de recherche sur la sujétion amoureuse qui a entamé quelques études qui ont ébranlé

1. Christophe Dejours, *Souffrance en France*, Paris, Le Seuil, 1998.

l'opinion. Grâce à la première d'entre elles, on découvrit que plus de quatre-vingt-dix pour cent des suicides ayant lieu dans l'hexagone étaient la conséquence de la maltraitance amoureuse. Ces victimes croyant porter la main volontairement contre leur vie ne faisaient en substance qu'obéir à l'intention malveillante d'un bourreau de l'amour[1]. Ensuite, une grande enquête nationale, financée, cette fois-ci, par des fonds de l'État et menée auprès d'hommes et de femmes de quinze à soixante-dix ans, a donné des résultats terrifiants. Le tiers d'entre eux se considèrent en état de sujétion amoureuse et un autre tiers affirment l'avoir été au moins une fois dans leur vie[2]. Des études épidémiologiques menées par les associations de victimes ont montré que la sujétion amoureuse avait comme conséquence : absentéisme, processus d'exclusion sociale partielle et totale, boulimie, anorexie, insomnie, problèmes familiaux, suicide, alcoolisme, tabagisme, avortement spontané. Les victimes liaient aussi l'apparition de certaines maladies, notamment le cancer, l'hépatite, l'herpès, des réactions cutanées non identifiées à une situation préalable de sujétion amoureuse[3]. Une étude récente réalisée par l'Association des

1. Enquête de terrain réalisée par l'association Ras l'Amour, février 2005.

2. Enquête réalisée par le ministère de la Santé et des Victimes, avril 2005.

3. Enquête menée par Halte à l'Amour (Marseille), mai 2005.

victimes lyonnaises a prouvé que, pour un échantillon de cinq cents personnes atteintes d'un cancer du foie, de l'estomac ou de la peau, soixante-deux pour cent avaient été victimes d'une sujétion amoureuse lors des douze mois précédant l'apparition des premiers symptômes de la maladie. Il a donc semblé urgent de prendre des mesures afin d'endiguer ce fléau qu'une certaine idéologie libérale et machiste cherche à maintenir sous couvert de « romantisme ».

C'est ainsi qu'on a présenté une première proposition de loi sur les « violences psychologiques » au sein du couple en mars 2005 afin de punir ces agissements de trois ans de prison[1]. Mais nous étions conscients que cette loi ne répondait pas à la gravité de la situation merveilleusement décrite dans *Aimer tue* ni aux statistiques alarmantes des enquêtes précitées. D'abord, nous avions péché par timidité. Notre proposition de loi punissait de la même peine les violences physiques et psychologiques tout en sachant que ces dernières, comme l'a si bien dit le sénateur Courteau à la presse, « sont les plus sournoises, mais elles tuent ». Elles devraient donc être considérées comme responsables de maux beaucoup plus graves que les premières. En tout état de cause, si la violence physique au sein du couple produit environ soixante morts par an, selon le ministère de l'Inté-

1. *Le Monde*, 6-7 mars 2005.

rieur, celle produite sur le psychisme est à l'origine de cent fois plus de suicides et d'autant de maladies graves et mortelles. Qu'importe, au fond, que la main qui tue soit celle du bourreau ou celle de la victime, que la maladie soit produite par l'acte d'un tiers ou par le cerveau de la proie transformée en agent de l'intention malveillante d'autrui. C'est ainsi que, après de nombreux débats et réflexions, on a décidé de faire passer l'infraction de base de violence psychologique au sein du couple de trois à dix ans de prison, la nommant désormais « sujétion amoureuse », à l'instar de l'infraction existante qui punit la sujétion psychologique produite par le gourou d'une secte (article 223-15-2 du code pénal). Non seulement il semblait important d'augmenter la répression, mais aussi de faire en sorte que ces procès passent aux assises, afin que la présence du public et de la presse puisse avoir une valeur pédagogique.

De plus, le projet de loi nouvelle mouture cherche à créer ce que l'on peut dénommer une « infraction souple ». Une fois que l'on aura détecté la sujétion amoureuse, la qualification et la peine seront fonction des effets concrets que la sujétion a eus sur la victime. Ainsi, si celle-ci se suicide, le bourreau devra être condamné pour assassinat (car il s'agit d'un meurtre prémédité). Si elle tombe malade d'un cancer, il devra être accusé d'empoisonnement, crime puni de trente ans de prison.

Sachant que ce fléau s'était trop profondément développé depuis des années dans l'impunité la plus totale, nous avons voulu tenir compte du problème de la récidive compulsive que l'on avait déjà identifiée chez les criminels sexuels. Pour les bourreaux de l'amour, une simple peine ne suffit pas. Sachant qu'ils vont recommencer si on les lâche dans la nature, on a mis en place un nouveau dispositif à appliquer après la peine, à la sortie de prison. Il s'agit d'un « suivi sociojudiciaire » grâce auquel le condamné devra se présenter auprès d'un psychiatre désigné par l'État afin qu'il contrôle ses agissements une fois par mois. Ce professionnel pourra même prévoir un suivi médicamenteux afin de rendre les pervers amoureux moins nuisibles[1]. Un fichier national a aussi été prévu, ce qui permettra de les retrouver lorsque, à la suite d'un suicide inexplicable ou d'un cancer, on ne sera pas immédiatement en mesure d'identifier le bourreau. On a enfin prévu une dernière contrainte de ce type : il s'agit d'un bracelet spécial qui permet de localiser le pervers où qu'il se trouve. Il semble fondamen-

1. Il s'agit de les contraindre, sous injonction d'une peine, à prendre des hormones qui inhibent l'agressivité morale, produisant de forts sentiments de culpabilité. On peut, certes, déplorer leurs effets secondaires, qui sont de légères pertes de mémoire, des difficultés de concentration ainsi qu'une diminution de l'excitation sexuelle, mais cela n'est rien à côté de leurs bienfaits (voir John Pattarson, *Des pilules contre le Mal*, trad. française de Marie-José Esparte, Paris, éd. du Bonheur, 2003).

tal que les innocents les reconnaissent immédiatement pour ne pas tomber dans leurs sombres filets. Des règles particulières ont aussi été prévues lorsque les pervers agissent en réseau. Une équipe de psychologues a détecté et analysé de près, à Nice, un réseau constitué par trois cents pervers amoureux qui ont torturé jusqu'à la déchéance ultime mille six cents victimes [1].

Mais aussi, cette loi a été amenée à transformer encore plus radicalement notre système de responsabilité pénale. Car on a créé, dans la partie générale du code, une nouvelle cause d'irresponsabilité de l'auteur d'une infraction, la « sujétion amoureuse » étant considérée désormais comme une situation qui abolit complètement le discernement. C'est ainsi que, lorsqu'une sujétion sera détectée, on rendra le bourreau responsable des crimes et délits commis par sa proie. Pour la première fois, on a réussi à faire triompher l'idée que la sujétion amoureuse transforme la victime en pur instrument de la volonté d'autrui, sans qu'elle soit ni médicalement folle ni forcée physiquement par son bourreau.

Pour mener à bien cet ensemble des réformes, nous avons créé un corps spécial de thérapeutes formés aux phénomènes de sujétion amoureuse et de harcèlement moral qui avaient déjà une certaine expérience des cas de sujétion psychique produits par les sectes. La place de ces profes-

1. Voir le dossier du journal *Émancipation*, 5 novembre 2005.

sionnels est centrale dans ce système car leur rôle est de déterminer d'abord l'existence d'un état de sujétion amoureuse, puis les mécanismes mis en œuvre par les pervers ainsi que leurs conséquences précises. C'est à eux qu'il revient d'établir les rapports de causalité entre ces agissements et les déprimes, les tentatives de suicide, les maladies, ainsi que les actes délictueux, voire criminels que les proies peuvent être amenées à commettre dans leur dérive tragique. Le dispositif prévu pour la prise en charge des victimes est fondamental. Le travail articulé des thérapeutes et de la justice amènera les proies à une guérison car le procès leur servira à comprendre qu'elles sont innocentes, que rien de ce qui leur est arrivé ne relève de leur faute, et surtout elles prendront conscience que leur tourment n'était en rien lié au fait qu'elles n'étaient pas aimables. Les juges doivent pouvoir déclarer dans la solennité du tribunal que le pervers les a utilisées injustement, ne cherchant par ce biais que l'augmentation de sa puissance. Ce n'est qu'à cette condition que les juges permettront à la victime d'aimer à nouveau, de reprendre confiance en elle-même, de resignifier l'ensemble de ces événements comme relevant purement et simplement du crime. Mais, ce faisant, les juges vont surtout éviter que la victime ne soit contaminée à son tour, que le saccage psychique produit par le bourreau ne la transforme en pervers « vampire ». L'enquête psychologique

que vient de publier Marcel Pirreaut, se faisant l'écho des découvertes du professeur Jamet, montre que les victimes de l'amour deviennent des bourreaux dans soixante-dix pour cent des cas. Seuls de bons procès seront en mesure d'endiguer ces chiffres[1].

Ce travail de répression ne servira à rien s'il n'est pas accompagné d'un autre, d'éducation et de prévention celui-là. Non seulement la nouvelle loi sera accompagnée d'une campagne télévisuelle et radiophonique mettant en garde la population contre la sujétion amoureuse, mais, de surcroît, on a prévu des enseignements de la maternelle jusqu'à la terminale voués à faire comprendre aux plus jeunes qu'il est indispensable qu'ils se contrôlent et surtout qu'ils se protègent. La loi crée, en même temps, un Haut Comité de surveillance de la sujétion amoureuse qui aura un droit de regard attentif sur la publicité, les films et les livres afin d'éviter que les messages transmis par ces voies ne fassent l'apologie de l'amour passion. On donnera à cette commission le pouvoir soit de les interdire, soit d'exiger qu'ils soient accompagnés d'explications concernant les ravages de ce terrible fléau.

Ces deux volets de la lutte contre la sujétion amoureuse seront en mesure, tout au moins

1. Marcel Pirreaut, *Comment devient-on pervers « vampire » ?*, Paris, éd. du Bonheur, novembre 2005.

l'espérons-nous, de transformer, comme le souhaitait le professeur Jean-Luc Jamet, l'expérience culturelle de l'amour. D'*eros* cannibale, il deviendra une douce et tendre *philia*. C'est ainsi que l'État donnera aux citoyens les conditions minimales pour vivre en paix et retrouver de nouveaux cadres leur permettant d'organiser dignement leur vie privée.

Les sociétés d'aujourd'hui, si marquées par l'individualisme, la décomposition familiale et la perte des repères, ont besoin que l'État assure une fonction tutélaire. Il doit se substituer à tout un ensemble d'autorités et de structures absentes afin de permettre aux individus de vivre une vie authentiquement humaine. Le livre du professeur Jamet, dont j'ai tenu à faire ce chaleureux éloge lors de cette deuxième édition, nous a démontré que le plus redoutable des ennemis à abattre n'était autre que l'Amour.

Paris, janvier 2006

Monsieur le directeur des éditions Stock
31, rue de Fleurus
75006 Paris

Rome, le 3 juin 2005

Cher Monsieur,

Le succès de librairie qu'a connu en France *Aimer tue*, ainsi que le peu de soin que M. Jamet a pris pour que je ne sois pas reconnu par mon entourage – me cachant d'une manière obscène sous le prénom d'« André » – ont rendu par la suite ma vie littéralement impossible.

Si je m'adresse à vous, ce n'est point pour vous le reprocher – vous n'avez fait que votre métier –, mais pour vous demander de refuser de vendre les droits de traduction à Feltrinelli et de faire de même avec les autres offres que vous recevrez à l'avenir en provenance des maisons d'édition italiennes. Je crois que vous avez gagné suffisamment d'argent avec ce livre pour me faire cette grâce, tout en sachant que, sans moi, même d'une manière fort involontaire, certes, il n'aurait jamais été écrit ni même conçu.

Sachez que si cet argument ne vous convainc guère, je peux ruiner de la manière la plus accablante le succès futur de cet ouvrage en en écrivant un autre, dans lequel je raconterai avec un luxe de détails la véritable histoire qui m'a lié à cet imposteur et qui m'a valu l'exil romain où je suis désormais. Car, comme vous pouvez l'imaginer, les mensonges qu'il débite à mon propos m'ont obligé à refaire ma vie professionnelle et amoureuse en Italie, ma clientèle et mes collègues français ainsi que mon partenaire de l'époque m'ayant pris pour un pervers amoureux type, qui plus est, « vampire », qu'il faut fuir comme la peste. Il fut donc inutile de chercher à leur expliquer que ce livre ne contenait que des mensonges me concernant et que, sous couvert de science, il n'est question, au fond, que d'un sordide règlement de comptes.

Je ne saurais mettre en doute la véracité des cas cliniques présentés dans *Aimer tue* ni cacher mon admiration des fines analyses dont ils font l'objet. Jean-Luc Jamet a été indiscutablement le plus grand spécialiste, non seulement en France mais peut-être aussi au monde, de ce champ complexe, vaste et énigmatique des perversions morales. Pourtant, en ce qui me concerne, son récit est mensonger et diffamatoire. Plus encore, le déroulement des faits qu'il présente comme la vérité de notre histoire n'est qu'une authentique inversion de celle-ci, une sorte de manipulation perverse post mortem dont le seul but est de me ruiner. Les tortures auxquelles l'illustre professeur m'a soumis pendant notre liaison ne m'ont laissé d'autre alternative que de le quitter car je risquais, si je continuais sous sa puissance, ma propre survie non seulement psychique mais aussi physique. C'était sa victoire ou la mienne, et il m'a été impossible de prendre une autre décision que celle-là, même si, je l'avoue, elle fut la plus difficile de ma vie.

Lorsque je l'ai rencontré, le professeur Jamet représentait pour moi tout ce que j'aurais voulu posséder comme formation culturelle et professionnelle. Je me sentais une sorte de larbin, un moustique humain auprès de cet homme puissant et distingué. Mais, le temps passant, je me demande si ce sentiment qui était, selon moi, lié à mon statut social inférieur n'était pas, au fond, un symptôme de la sujétion amoureuse. Face à cet idéal qu'est pour nous l'être aimé, ne nous sentons-nous pas tous un peu des monstres soit de laideur, soit de misère, soit de mauvaises manières ?

S'appuyant sur ce point de fragilité sur lequel ma sujétion s'était cristallisée, le professeur Jamet m'a soumis aux plus horribles des humiliations. Il ne perdait pas la moindre occasion pour me faire un commentaire cruel à propos de mon incapacité à la conceptualisation. Car, disait-il en riant, « la compétence à la pensée abstraite n'est possible que si l'on a pu accéder pendant sa prime enfance aux trésors de la culture». Puisque mon père n'avait été qu'un «boucher de province» et ma mère «presque une illettrée», j'étais condamné ma vie durant à singer les manières et les raisonnements de gens comme lui.

Il prétendait qu'il écrivait mes textes lorsque, en réalité, il se contentait de remplacer quelques formules par d'autres plus pédantes qui me remplissaient d'admiration, soulignant en rouge des erreurs sans importance et ajoutant aux marges des paragraphes dont j'étais le plus fier les mots «stupide!», «raisonnement vaseux», «nul!», et des choses de cet acabit. Il était si humilié d'être tombé amoureux qu'il me le faisait payer au prix fort. Et, puisqu'il n'acceptait pas de vivre son homosexualité, nous ne nous voyions qu'en cachette, y compris lors de nos rencontres professionnelles. Il faisait tellement attention à ce que personne ne se doute de notre relation qu'il était capable de faire comme s'il ne me connaissait pas si jamais il me rencontrait dans la rue ou à l'université.

Je lui passais toutes ces maltraitances car il était mon véritable idéal. Et chacun sait qu'on ne peut pas se révolter contre son dieu sauf à paraître aux yeux de ce dieu comme un ange vaincu, comme l'ange du mal. Qui peut résister à de telles craintes?

Un jour, pourtant, il a franchi les limites du supportable. À la suite de la publication laborieuse de ma thèse, il s'est autorisé la pire des abominations. Il a pris la peine de faire une recension dans la revue de psychiatrie qu'il dirigeait où il disait, en substance, que ce texte était « le plus stupide qu'il ait eu l'occasion de lire » depuis le début de sa carrière. En guise d'explication, il ajoutait d'un ton doctoral qu'il ne faisait que refléter l'homosexualité de l'auteur, rappelant le vieux préjugé selon lequel un psychiatre ne peut être atteint de cette « perversion sexuelle ». À cause de ce papier assassin, j'ai perdu l'occasion d'obtenir le poste que je convoitais à l'université tandis que mes pairs commencèrent à me regarder avec un air de mépris, comme il arrive souvent dans ces milieux où les mandarins décident de comment on doit apprécier les travaux des plus jeunes sans prendre la peine de les juger par eux-mêmes. Après cela, j'ai décidé de ne plus le voir. Mais lui ne l'a pas supporté, et m'a promis qu'à l'avenir il allait changer d'attitude.

Mais à peine s'était-il remis du choc de mon premier refus de céder à tout que son cerveau pervers conçut un stratagème pire que le précédent. Sous prétexte d'élargir ses connaissances « scientifiques », il m'a demandé de séduire des jeunes hommes afin de les soumettre aux techniques de sujétion amoureuse les plus dures. C'est lui qui me donnait le script, le protocole des tortures psychologiques, selon les caractéristiques des proies que je trouvais. Il voulait très souvent être témoin de nos rencontres, m'obligeant à le présenter comme mon oncle et une fois même, pour rire de l'incrédulité de l'une de mes proies, comme mon jeune grand-père. Il exigeait parfois d'être présent lors de nos ébats ou tout au moins d'être présent dans la chambre d'à côté. Outre le fait qu'il riait comme un fou lorsqu'on parlait des formes ultimes de soumission auxquelles il m'obligeait à contraindre mes fausses proies, et de leurs réactions, je crois surtout qu'il faisait cela pour satisfaire ses désirs sexuels illimités. Mon appartement, théâtre de toutes ces calamités, était devenu selon lui son « laboratoire ». Mais j'ai compris bientôt qu'il s'agissait de son principal outil de jouissance. Il avait passé tant d'années à refouler ses désirs, à refuser ne serait-ce que de regarder une revue gay, de peur que quelqu'un ne le découvre, qu'il était devenu une sorte de torrent de pulsions débordantes. Moi, je souffrais en même temps que je faisais souffrir mes victimes mais je ne pouvais faire autre chose que de lui obéir car j'étais sous son emprise et voulais me convaincre que je faisais tout cela, que je me sacrifiais et sacrifiais les autres pour satisfaire les désirs de savoir de mon maître. Je pensais que, ce faisant, comme il le disait chaque fois que j'avais l'air de douter, je contribuais à libérer les sociétés contemporaines des manipulateurs et des pervers.

Les liaisons se succédaient les unes après les autres, et je menais en parallèle parfois trois ou quatre protocoles de destruction amoureuse. Mais un jour ces jeux macabres tournèrent mal car l'une de nos proies s'est suicidée après que, à la suite de toute une série de tortures psychologiques systématiques, je l'eus quittée. Ce jour-là ma culpabilité fut si vive que j'ai été sur le point de me suicider à mon tour. C'est alors que, pour m'empêcher de continuer à être l'instrument des meurtres, j'ai décidé de quitter Jean-Luc définitivement. Il est vrai que mon sens moral fut plus grand que la sujétion psychique, compte tenu du choc que je venais de ressentir, mais, si le cours des événements postérieurs avait été différent, sans doute serais-je revenu avec lui. En effet, j'ai appris quelques semaines après notre séparation qu'il avait recommencé ses tortures avec un jeune homme de dix-huit ans mais, cette fois-ci, directement, sans mon intermédiaire, car ce malheureux était son patient. Il pouvait très tranquillement mener à terme ses projets sous couvert d'aide thérapeutique. Le hasard a fait que je connaisse vaguement le pauvre garçon, qui commença très vite à montrer des signes clairs de sujétion amoureuse et à souffrir le martyre. C'est alors que je lui ai suggéré de porter plainte pour viol à défaut de lois réprimant la torture psychique, car le professeur l'avait bel et bien pénétré, afin, soi-disant, de le « guérir » de son homosexualité. Malheureusement, je crois que sa réputation et ses connaissances l'ont protégé et, finalement, il n'a pas été condamné. L'hécatombe qui a suivi pour lui était la moindre des choses, compte tenu de la quantité de victimes chez qui, à travers moi, il avait détruit à tout jamais l'espérance d'un quelconque bonheur.

Entre-temps, je dois l'avouer, notre séparation a été très profitable pour ma carrière. J'ai publié un livre qui eut une réception brillante dans le milieu de la psychiatre du monde entier. J'ai obtenu la chaire qu'il laissa vacante à l'université et j'ai pu acheter son cabinet car son épouse est venue elle-même me le proposer à un prix très bas puisque j'étais, du point de vue académique, le successeur de son mari. Puis on m'a proposé de diriger une émission de radio sur les perversions morales, sur lesquelles je savais bien des choses et pas seulement sur le plan théorique. À ce moment-là, lorsque tout indiquait que l'emprise que JLJ exerçait sur moi avait pris fin, j'ai commencé à ressentir des nausées, des maux de tête, et ma peau s'est couverte de stigmates. J'ai compris avec horreur que j'étais encore possédé par ses intentions malveillantes et qu'il avait décidé de faire de mon corps son domicile. Lors du désastre qui a suivi pour moi la publication d'*Aimer tue*, j'ai compris que le fait d'être mort n'avait pas éteint son pouvoir de nuisance. Jean-Luc Jamet est encore dans mon esprit et je livre une véritable guerre contre lui. Mais puisqu'il a toujours été plus fort que moi, je ne suis point sûr de la gagner. Je crains aussi que l'empreinte perverse qu'il m'a laissée ne permette à un autre individu de la même race maudite de me faire connaître des enfers comparables en Italie. La reconnaissance par un pervers amoureux de l'empreinte laissée par un autre ne connaît de frontières ni d'espace ni de langue. C'est pour cela que je crois qu'il n'y a que les juges, une instance tierce pouvant distribuer les torts et les raisons, en application des lois humaines et justes, qui seront en mesure de nous délivrer de la perversion amoureuse. Je crois même qu'il faudrait faire une entorse à certaines règles actuelles qui font éteindre les actions pénales après la mort. On devrait pouvoir juger aussi ceux qui physiquement ne sont plus là mais qui continuent à agir par l'empreinte psychique laissée sur les vivants. Car ce qui compte est que la victime guérisse, qu'elle puisse se délivrer du mal que produisent sur lui les incrustations psychiques de la malveillance d'autrui. On devrait pouvoir, à défaut de mettre leur cadavre sur le banc des accusés, juger leur mémoire. Je crois que, dans mon cas, aucun travail thérapeutique ne pourra valoir la guérison immédiate qu'aurait pu produire la parole d'un juge me disant dans la solennité d'une cour d'assises, devant tout le monde, qu'on m'a fait du mal, que tout ce qui m'est arrivé et qui m'arrive encore n'est point ma faute. On aurait surtout pu éviter ce livre, qui a fini de m'achever.

Pour ces raisons, j'espère que vous saurez admettre sans peine cette demande plus que légitime.

Veuillez agréer, cher Monsieur, l'expression de mes sentiments les meilleurs.

Jean-Pierre Rousselot [1]

1. Après des lourdes négociations, on a obtenu que Jean-Pierre Rousselot, alias André, accepte la traduction italienne d'*Aimer tue* sans publier le livre dont il nous menaçait à condition que, aussi bien Feltrinelli dans la traduction italienne que nous lors de cette deuxième édition, nous publiions cette lettre. Il est superfétatoire d'ajouter que, bien évidemment, tant Dolorès Jamet que les proches et amis du professeur contestent la « véracité des accusations et des faits rapportés par Jean-Pierre Rousselot », ce qui se dégage, selon eux, de l'« invraisemblance » des thèses soutenues dans cette lettre sur l'amour et la perversion [*N.d.E.*].

Ce volume a été composé
par Nord Compo
et achevé d'imprimer en septembre 2005
sur presse Cameron
dans les ateliers de ***Bussière***
à Saint-Amand-Montrond (Cher)
pour le compte des Éditions Stock
31, rue de Fleurus, 75006 Paris

Imprimé en France
N° d'édition : 61274. – N° d'impression : 053242/4.
Dépôt légal : octobre 2005.
54-51-5812/0
ISBN 2-234-05812-0